INTERMEDIATE Level I

Korean Writing for University Life

대학 생활을 위한 한국어 쓰기

중급 I

연세대학교 한국어학당 편

연세대학교 대학출판문화원

대학 생활을 위한

한국어 쓰기 (중급 I)

편저자 연세대학교 한국어학당 교재편찬위원회
집필진 한송화 · 강혜림 · 조인옥 · 박민진 · 박지원
펴낸곳 연세대학교 대학출판문화원

주소 서울시 서대문구 연세로 50
전화 02) 2123-3380~2
팩스 02) 2123-8673
ysup@yonsei.ac.kr
http://www.yonsei.ac.kr/press
등록 1955년 10월 13일 제9-60호
인쇄 (주)동국문화
삽화 문춘경 외

2012년 5월 25일 1판 1쇄
2018년 12월 28일 1판 5쇄
ISBN 978-89-7141-983-0 (08710)
978-89-7141-977-9 (세트)

값 12,000원

머리말

국내 최고의 명성으로 한국어 교육의 50년 전통을 이어 온 연세대학교 언어연구교육원 한국어학당에서는 한국어 교육의 질을 높이기 위해 그동안 많은 교재를 편찬해 왔다. 최근 한국 내 대학, 대학원에서 수학하고 있거나 진학하고자 하는 외국인이 증가함에 따라 학문을 목적으로 하는 한국어 교재에 대한 학습자들의 요구가 높아지고 있다. 이에 따라 연세대학교 언어연구교육원 한국어학당에서는 대학 수학을 목적으로 하는 외국인 유학생들을 대상으로 한국어와 한국 문화를 교육할 수 있는 새로운 교재를 출간하게 되었다.

연세대학교 언어연구교육원 한국어학당에서 출간하는 이 교재는 대학 생활에 필요한 의사소통 기능을 집중적으로 향상시킬 수 있는 『대학 생활을 위한 한국어』 시리즈와 대학에서의 수학 능력을 집중적으로 향상시킬 수 있는 『대학 강의 수강을 위한 한국어』 시리즈로 되어 있다. 『대학 생활을 위한 한국어』 시리즈는 초급 학습자를 위한 『대학 생활을 위한 한국어 초급』, 중급 학습자를 위한 『대학 생활을 위한 한국어 중급 I』, 『대학 생활을 위한 한국어 중급 II』로 되어 있으며, 『대학 강의 수강을 위한 한국어』 시리즈는 중급 학습자를 위한 『대학 강의 수강을 위한 한국어 중급 I』, 『대학 강의 수강을 위한 한국어 중급 II』, 그리고 고급 학습자를 위한 『대학 강의 수강을 위한 한국어 고급』으로 되어 있다.

『대학 생활을 위한 한국어』 시리즈는 한국어 학습 단계별로 요구되는 내용을 주제로 말하기, 듣기, 쓰기 능력을 향상시킬 수 있도록 다양한 과제와 활동으로 구성된 분리형 교재이다. 그리고 『대학 강의 수강을 위한 한국어』 시리즈는 대학 수학에서 요구되는 기능과 장르를 중심으로 말하기, 듣기, 쓰기, 읽기 능력을 향상시킬 수 있도록 실용적인 과제와 활동으로 구성된 분리형 교재이다. 이들 교재에서는 학습자들이 흥미를 가질 수 있는 주제와 상황을 기초로 여러 가지 의사소통 기능 및 전략을 배울 수 있도록 배려하였다.

『대학 생활을 위한 한국어』와 『대학 강의 수강을 위한 한국어』가 연세대학교 언어연구교육원 한국어학당에서 공부하는 학생들뿐만 아니라 한국 내에서 대학, 대학원 수학을 목적으로 하고 있는 모든 한국어 학습자들에게 도움이 되기를 바란다.

연세대학교 언어연구교육원
한국어학당 교재편찬위원회

일러두기

- '대학 생활을 위한 한국어 쓰기 중급 I '은 총 10개의 단원으로 이루어져 있고, 뒤에 【**준비해 봅시다**】의 답안이 학습자를 위한 자료로서 붙어 있다.
- 각 단원은 두 개의 항으로 구성되며, 각 항에서는 제목과 함께 담화 형식 및 기능이 드러나도록 학습목표가 제시된다.
- 각 항은 모두 세 단계로 구성되며, 이는 【**준비해 봅시다**】, 【**써 봅시다**】, 【**정리해 봅시다**】로 구성된다.
- 【**준비해 봅시다**】는 도입 단계로서 항의 학습목표 기능과 관련된 지식을 배양할 수 있는 읽기 활동으로 구성된다.

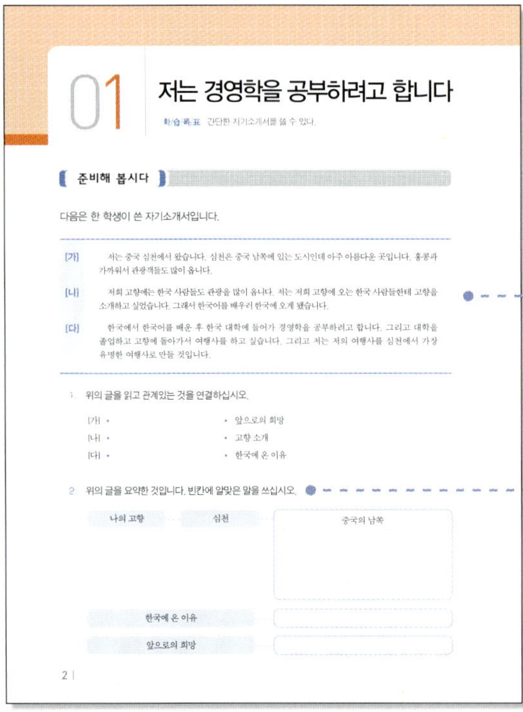
01 저는 경영학을 공부하려고 합니다

학습목표 간단한 자기소개서를 쓸 수 있다.

【 준비해 봅시다 】

다음은 한 학생이 쓴 자기소개서입니다.

[가] 저는 중국 심천에서 왔습니다. 심천은 중국 남쪽에 있는 도시인데 아주 아름다운 곳입니다. 홍콩과 가까워서 관광객들도 많이 옵니다.

[나] 저희 고향에는 한국 사람들도 관광을 많이 옵니다. 저는 저희 고향에 오는 한국 사람들한테 고향을 소개하고 싶었습니다. 그래서 한국어를 배우러 한국에 오게 됐습니다.

[다] 한국에서 한국어를 배운 후 한국 대학에 들어가 경영학을 공부하려고 합니다. 그리고 대학을 졸업하고 고향에 돌아가서 여행사를 하고 싶습니다. 그리고 저는 저의 여행사를 심천에서 가장 유명한 여행사로 만들 것입니다.

1. 위의 글을 읽고 관계있는 것을 연결하십시오.

[가] • • 앞으로의 희망
[나] • • 고향 소개
[다] • • 한국에 온 이유

2. 위의 글을 요약한 것입니다. 빈칸에 알맞은 말을 쓰십시오.

나의 고향 — 심천 — 중국의 남쪽

한국에 온 이유

앞으로의 희망

2 |

글의 형식과 표현 등 텍스트의 특성을 파악할 수 있도록 항의 목표 주제와 기능이 잘 드러난 짧은 텍스트가 제시된다.

글의 종류와 특성을 파악할 수 있도록 글의 구성을 파악할 수 있는 질문이 제시된다.

- **【써 봅시다】**는 총 2단계로 구성되며, 통제된 글쓰기에서 자유로운 글쓰기로 단계적으로 진행할 수 있도록 구성 되었다.

【써 봅시다】 01단계에서는 글의 구성요소 별로 분리하여 각 단락을 연습할 수 있도록 각 단락별 모범글이 제시된다.

글의 구성요소 별로 각 단락을 연습할 수 있도록 쓰기를 위한 자료와 활동지가 제시된다.

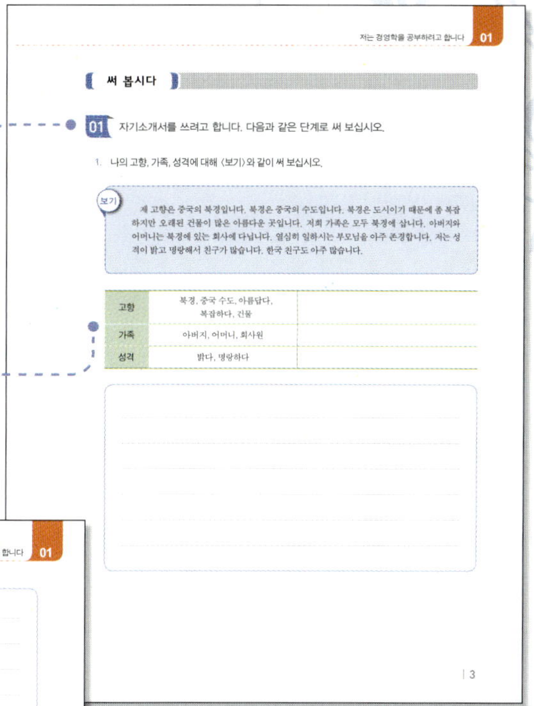

저는 경영학을 공부하려고 합니다 01

【 써 봅시다 】

01 자기소개서를 쓰려고 합니다. 다음과 같은 단계로 써 보십시오.

1. 나의 고향, 가족, 성격에 대해 〈보기〉와 같이 써 보십시오.

보기
제 고향은 중국의 북경입니다. 북경은 중국의 수도입니다. 북경은 도시이기 때문에 좀 복잡하지만 오래된 건물이 많은 아름다운 곳입니다. 저희 가족은 모두 북경에 삽니다. 아버지와 어머니는 북경에 있는 회사에 다닙니다. 열심히 일하시는 부모님을 아주 존경합니다. 저는 성격이 밝고 명랑해서 친구가 많습니다. 한국 친구도 아주 많습니다.

고향	북경, 중국 수도, 아름답다, 복잡하다, 건물	
가족	아버지, 어머니, 회사원	
성격	밝다, 명랑하다	

| 3

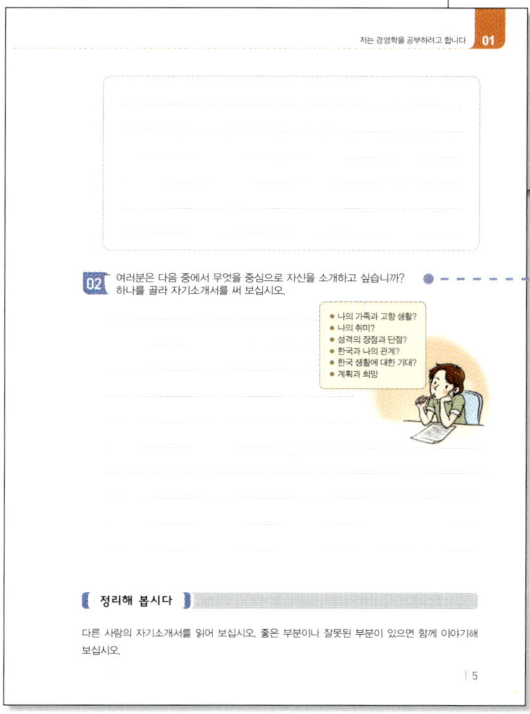

저는 경영학을 공부하려고 합니다 01

02 여러분은 다음 중에서 무엇을 중심으로 자신을 소개하고 싶습니까? 하나를 골라 자기소개서를 써 보십시오.

- 나의 가족과 고향 생활?
- 나의 취미?
- 성격의 장점과 단점?
- 한국과 나의 관계?
- 한국 생활에 대한 기대?
- 계획과 희망

【 정리해 봅시다 】

다른 사람의 자기소개서를 읽어 보십시오. 좋은 부분이나 잘못된 부분이 있으면 함께 이야기해 보십시오.

| 5

【써 봅시다】 02단계에서는 각 단락으로 분리 연습한 글을 기반으로 학습자가 상황에 맞도록 혹은 주제와 관련하여 다양한 다단락의 글을 자유롭게 구성할 수 있도록 자료와 활동지가 제시된다.

- **【정리해 봅시다】**에서는 쓴 글을 발표하게 하거나 본인 혹은 다른 사람의 글을 평가하게 하는 등 쓰기 활동을 정리하고 마무리한다.

차례

머리말 / iii
일러두기 / iv
내용 구성 / viii

제1과 대학 생활

01 저는 경영학을 공부하려고 합니다 ······ 2
02 함께 공부할 친구를 구합니다 ······ 6

제2과 쇼핑

01 교재 팝니다 ······ 12
02 학생에게 좋을 것 같습니다 ······ 16

제3과 유학 생활

01 원서 접수에 대해서 궁금한 것이 있습니다 ······ 22
02 자기 전에 불 끄기 ······ 28

제4과 여행

01 다 같이 설악산으로 갑시다 ······ 36
02 2박 3일 동안 경주에 다녀왔다 ······ 40

제5과 학교 시설

01 이곳은 학생들이 아주 많이 이용합니다 ······ 48
02 건강하게 지내시길 바랍니다 ······ 52

제6과 만남

01 생일 파티에 초대합니다 60
02 답장이 늦어서 미안해 64

제7과 일상생활

01 낮은 층은 걸어서 갑시다 72
02 디지털 카메라를 찾습니다 76

제8과 공공시설

01 독감에 걸렸습니다 82
02 평일 오전에는 한가합니다 88

제9과 취미

01 사진 찍기는 누구나 할 수 있는 취미 활동입니다 94
02 밤을 새워서 책을 읽었습니다 98

제10과 문화생활

01 저희 영화제를 찾아주신 분들께 감사드립니다 104
02 마지막 장면이 기억에 남는다 108

부록 모범 답안 / 114

내용 구성

과	제목	소제목	과제와 기능	글의 종류
1	대학 생활	저는 경영학을 공부하려고 합니다	자기소개서 쓰기	자기소개서
		함께 공부할 친구를 구합니다	간단한 게시글 쓰기	게시글
2	쇼핑	교재 팝니다	광고문 쓰기	게시판 광고문
		학생에게 좋을 것 같습니다	추천하는 글 쓰기	추천하는 글
3	유학 생활	원서 접수에 대해서 궁금한 것이 있습니다	문의하는 글 쓰기	문의하는 글
		자기 전에 불 끄기	메모하는 글쓰기	메모
4	여행	다 같이 설악산으로 갑시다	여행 안내문 쓰기	안내문
		2박 3일 동안 경주에 다녀왔다	기행문 쓰기	기행문
5	학교 시설	이곳은 학생들이 아주 많이 이용합니다	소개하는 글쓰기	소개하는 글
		건강하게 지내시길 바랍니다	편지쓰기	편지

과	제목	소제목	과제와 기능	글의 종류
6	만남	생일 파티에 초대합니다	초대하는 글 쓰기	초대하는 글
		답장이 늦어서 미안해	제안에 대한 답글 쓰기	이메일 답글
7	일상생활	낮은 층은 걸어서 갑시다	건의하는 글쓰기	건의문
		디지털 카메라를 찾습니다	광고문 쓰기	광고문
8	공공시설	독감에 걸렸습니다	경험담 쓰기	회고문
		평일 오전에는 한가합니다	문의에 대한 답글 쓰기	이메일 답글
9	취미	사진 찍기는 누구나 할 수 있는 취미 활동입니다	소개하는 글쓰기	소개하는 글
		밤을 새워서 책을 읽었습니다	회상하는 글쓰기	회고문
10	문화생활	저희 영화제를 찾아주신 분들께 감사드립니다	행사 안내문 쓰기	안내문
		마지막 장면이 기억에 남는다	영화 감상문 쓰기	감상문

제 1 과

대학 생활

01 저는 경영학을 공부하려고 합니다

02 함께 공부할 친구를 구합니다

01 저는 경영학을 공부하려고 합니다

학/습/목/표 간단한 자기소개서를 쓸 수 있다.

준비해 봅시다

다음은 한 학생이 쓴 자기소개서입니다.

[가] 저는 중국 심천에서 왔습니다. 심천은 중국 남쪽에 있는 도시인데 아주 아름다운 곳입니다. 홍콩과 가까워서 관광객들도 많이 옵니다.

[나] 저희 고향에는 한국 사람들도 관광을 많이 옵니다. 저는 저희 고향에 오는 한국 사람들한테 고향을 소개하고 싶었습니다. 그래서 한국어를 배우러 한국에 오게 됐습니다.

[다] 한국에서 한국어를 배운 후 한국 대학에 들어가 경영학을 공부하려고 합니다. 그리고 대학을 졸업하고 고향에 돌아가서 여행사를 하고 싶습니다. 그리고 저는 저의 여행사를 심천에서 가장 유명한 여행사로 만들 것입니다.

1. 위의 글을 읽고 관계있는 것을 연결하십시오.

[가] •	• 앞으로의 희망
[나] •	• 고향 소개
[다] •	• 한국에 온 이유

2. 위의 글을 요약한 것입니다. 빈칸에 알맞은 말을 쓰십시오.

나의 고향	심천	중국의 남쪽
한국에 온 이유		
앞으로의 희망		

써 봅시다

01 자기소개서를 쓰려고 합니다. 다음과 같은 단계로 써 보십시오.

1. 나의 고향, 가족, 성격에 대해 〈보기〉와 같이 써 보십시오.

보기

제 고향은 중국의 북경입니다. 북경은 중국의 수도입니다. 북경은 도시이기 때문에 좀 복잡하지만 오래된 건물이 많은 아름다운 곳입니다. 저희 가족은 모두 북경에 삽니다. 아버지와 어머니는 북경에 있는 회사에 다닙니다. 열심히 일하시는 부모님을 아주 존경합니다. 저는 성격이 밝고 명랑해서 친구가 많습니다. 한국 친구도 아주 많습니다.

고향	북경, 중국 수도, 아름답다, 복잡하다, 건물	
가족	아버지, 어머니, 회사원	
성격	밝다, 명랑하다	

2. 한국에 온 이유와 한국에서 관심이 있는 것 등을 〈보기〉와 같이 쓰십시오.

> **보기**
>
> 저는 북경에서 외국인이 많이 사는 곳에 살았습니다. 거기서 한국 친구를 많이 만날 수 있었습니다. 한국 친구들은 저한테 한국 노래와 드라마를 많이 소개해 줬습니다. 그래서 한국에 관심이 많이 생겼습니다. 저는 어렸을 때부터 문학에 관심이 많았기 때문에 한국에 가서 한국과 중국의 문학을 비교해 보고 싶었습니다.

한국에 온 이유	한국 친구, 한국 노래, 한국 드라마	
관심이 있는 것	한국 문학	

3. 앞으로의 계획에 대해 〈보기〉와 같이 쓰십시오.

앞으로의 계획	대학원, 중국 문학
나의 계획	

> **보기**
>
> 저는 한국 대학교에서 문학을 전공한 후에 대학원에 가려고 합니다. 대학원에서 문학에 대해 더 깊이 공부하고 싶습니다. 대학원을 끝내면 중국에 돌아가서 중국의 많은 학생들에게 한국 문학과 중국 문학을 가르치고 싶습니다.

02 여러분은 다음 중에서 무엇을 중심으로 자신을 소개하고 싶습니까? 하나를 골라 자기소개서를 써 보십시오.

- 나의 가족과 고향 생활?
- 나의 취미?
- 성격의 장점과 단점?
- 한국과 나의 관계?
- 한국 생활에 대한 기대?
- 계획과 희망

정리해 봅시다

다른 사람의 자기소개서를 읽어 보십시오. 좋은 부분이나 잘못된 부분이 있으면 함께 이야기해 보십시오.

02 함께 공부할 친구를 구합니다

학/습/목/표 대학 생활에 필요한 게시글을 간단하게 쓸 수 있다.

준비해 봅시다

[가]

[나]

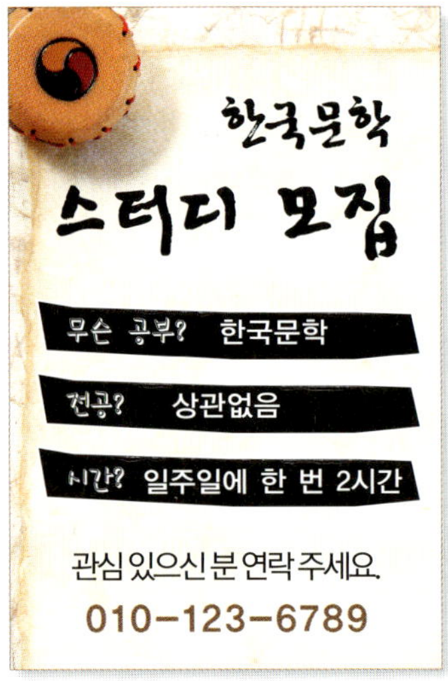

[다]

1. 위의 게시글은 무엇에 대한 게시글입니까?

[가] •	• 함께 공부할 친구를 찾고 있습니다.
[나] •	• 함께 운동을 할 친구를 찾고 있습니다.
[다] •	• 함께 언어교환을 할 친구를 찾고 있습니다.

2. 위의 게시글에는 어떤 내용이 들어 있습니까?

제목 일시 주의사항 자격 회비 연락처 덧붙이는 말

[가] : 제목, 연락처, 덧붙이는 말

[나] : ______________________

[다] : ______________________

써 봅시다

01 게시글을 쓰려고 합니다. 다음 단계로 게시글을 써 보십시오.

1. 게시글의 제목을 쓰려고 합니다. 여러 가지 제목을 써 보십시오.

- 언어교환 친구를 구합니다, 찾습니다, 구함
- 태권도 함께 하실 분 ____________________
- 한국어 가르쳐 주실 분 ____________________
- ____________________

2. 다음을 이용하여 게시글의 내용 부분을 써 보십시오.

저는 친구들과 법학을 함께 공부하고 싶습니다. 10명 정도의 친구들과 함께 토요일마다 오후에 했으면 좋겠습니다. 공부 모임 장소는 아직 정하지 못했는데, 첫 번째 모임은 법학관 232호에서 하려고 합니다.

저는 한국 문화를 함께 공부할 외국인 친구와 한국 친구를 찾고 있습니다. 토요일마다 한국 문화를 알아보러 한국의 여기저기 구경이나 여행을 하면 좋겠습니다. 첫 번째 모임은 이번 주 토요일 한옥마을에서 가지려고 합니다.

저는 친구들과 한국 영화를 함께 보고 토론하는 모임을 가지려고 합니다. 이 주일에 한 번 토요일 아침에 하는 영화를 보고 토론을 합니다. 5명 정도의 학생이 모이면 좋겠습니다. 아직 모임 장소는 모릅니다. 저한테 연락하십시오.

보기

법학 함께 공부하실 분 ~~

- 누구?
  법학 공부할 사람이면
  누구나
- 인원 : 10명 정도
- 언제 ? 매주 토요일 오후
- 장소 : 아직 미정
  (첫 모임 : 법학관 232호)

3. 위의 게시글에 더 필요한 말은 없습니까? 덧붙이는 말을 써 보십시오.

보기

▶ 관심 있으신 분은 연락 주세요.
010-123-4567

02 여러분은 어떤 친구를 찾고 있습니까? 게시글에 어떤 내용을 쓰겠습니까? 내용을 생각해 보고 글을 써 보십시오.

어떤 친구? 어떤 모임?	
내용?	
첫 모임 일시와 장소?	
연락처?	
덧붙이는 말?	

정리해 봅시다

친구들의 게시글을 읽어 보십시오. 여러분은 누구의 게시글이 가장 좋습니까? 게시글을 보고 더 알고 싶은 것이 있습니까? 이야기해 보십시오.

제2과

쇼핑

01 교재 팝니다

02 학생에게 좋을 것 같습니다

01 교재 팝니다

학/습/목/표 게시판에 물건을 사거나 파는 광고 글을 쓸 수 있다.

준비해 봅시다

다음은 물건을 사고파는 글입니다.

[가]

[나]

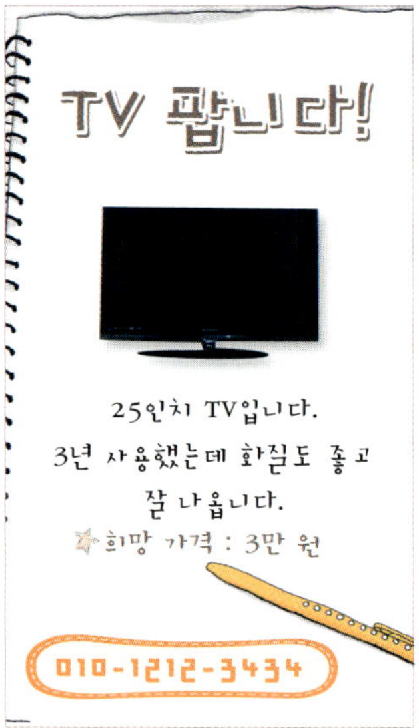

[다]

1. 위의 글은 어디에서 볼 수 있습니까?

2. 위의 글과 글을 쓴 사람을 연결하십시오.

[가] •	• 고향으로 돌아가는 학생
[나] •	• 수업을 듣는 건물이 먼 학생
[다] •	• 지난 학기에 법학 강의를 들은 학생

써 봅시다

01 게시판에 물건을 사거나 파는 글을 쓰려고 합니다. 다음과 같은 단계로 써 보십시오.

1. 사고 싶거나 팔고 싶은 물건이 있습니까? 〈보기〉와 같이 써 보십시오.

보기

교과서 팝니다!!

연세대학교 한국어학당 1급 교재를 팝니다.

'연세 한국어 1', '연세 한국어 1 읽기', '연세 한국어 활용연습 1'을 모두 3만 원에 팝니다.

사거나 팔고 싶은 물건			

교과서	노트북 겸용 가방	책	전자사전

________________ !!!

....

....

....

....

....

2. 사거나 팔려는 물건의 특징을 〈보기〉와 같이 써 보십시오.

보기

제가 작년에 썼던 교재들인데, 지금도 한국어학당 1급에서 사용하고 있습니다. 제 책은 중국어판입니다. 이름도 쓰여 있고, 메모가 많아서 깨끗하지는 않습니다. 하지만 중요한 것에 표시가 되어 있기 때문에 공부하기에 더 좋을 것 같습니다.

68,000원을 주고 샀는데, 30,000원에 팝니다.

3. 더 알려 주거나 부탁하고 싶은 것을 〈보기〉와 같이 써 보십시오.

보기

제가 다음 주에 고향으로 돌아갈 예정이어서 이번 주 안으로 팔았으면 좋겠습니다. 저는 항상 도서관에 있거나 학교 근처 하숙집에 있으니까 가능하면 학교에서 가까운 분이 직접 오셨으면 좋겠습니다.

010-0123-4567로 문자 주세요.

알려 주고 싶은 것	부탁하고 싶은 것
이번 주 안으로 팔았으면 좋겠다.	직접 오면 좋겠다.

02 게시판에 물건을 사거나 팔려고 합니다. 다음 표에 메모하고 광고글을 써 보십시오.

물건	
물건의 특징 소개	
더 알려 주거나 부탁하고 싶은 것	

______________________ !!!

정리해 봅시다

친구와 서로의 광고 글을 읽어 보고, 더 질문이 있으면 이야기해 보십시오.

02 학생에게 좋을 것 같습니다

학/습/목/표 좋은 물건을 추천하는 글을 쓸 수 있다.

준비해 봅시다

다음은 인터넷 쇼핑몰에서 물건을 산 후에 그 물건에 대해 쓴 글입니다.

[가] 저는 여기에서 검정색 전자사전을 샀습니다.

[나] 이 전자사전은 크기도 작고 디자인도 아주 예쁩니다. 그리고 DMB, 라디오, mp3 기능도 있어요. 그리고 무엇보다 녹음이 잘 돼서 어학 공부할 때 좋고, 국내 회사 제품이어서 수리도 편합니다. 그리고 다른 쇼핑몰하고 가격은 비슷하지만 주문하고 바로 다음날에 받을 정도로 배송이 빨라서 매우 좋았습니다.

[다] 가격도 싸고 필요한 기능이 모두 있는 전자사전이어서 특히 공부하는 학생에게 좋을 것 같습니다.

1. 위의 글을 읽고 관계있는 것을 연결하십시오.

[가] •	• 물건의 특징
[나] •	• 산 물건
[다] •	• 추천하는 대상

2. 위의 글에서 설명하지 않은 것을 모두 고르십시오.

☐ 사전의 기능 ☐ 가격 ☐ 사전의 디자인

☐ 교환 ☐ 포장 ☐ 수리

써 봅시다

01 인터넷 쇼핑몰에서 물건을 산 후에 물건을 사용해 본 내용을 상품 평에 쓰려고 합니다. 다음과 같은 단계로 글을 써 보십시오.

1. 인터넷 쇼핑몰에서 어떤 물건을 샀습니까? 〈보기〉와 같이 구체적으로 써 보십시오.

보기

저는 3일 전에 이 쇼핑몰에서 캐주얼 가방을 샀습니다. 어떤 프로그램에서 유명한 연예인이 들고 다녀서 유명해진 검정색 가방입니다.

캐주얼 가방
소파
디지털 카메라

2. 그 물건의 좋은 점을 〈보기〉와 같이 써 보십시오.

> 보기
>
> 사용해 본 느낌은 아주 편하고 좋았습니다. 디자인도 예쁘고 주머니가 많아서 물건을 넣기에 편리합니다. 저는 여행 갈 때 가지고 가려고 샀는데 필요한 물건을 모두 넣을 수 있을 정도로 크고 튼튼합니다. 물건도 주문한 다음 날에 바로 도착했고, 포장도 아주 잘 돼 있어서 기분이 더 좋았습니다. 책가방으로 써도 좋을 것 같고, 많은 물건을 넣을 수 있으니까 여행용 가방으로 더 좋을 것 같습니다.

편합니다	쌉니다	기능이 다양합니다
작습니다	가볍습니다	포장이 잘 되어 있습니다
배송이 빠릅니다	디자인이 예쁩니다	선명합니다

3. 어떤 사람에게 추천하면 좋을지 정해서 추천하는 글을 써 보십시오.

> 보기
>
> 이 가방은 생각보다 커서 남자에게 더 잘 어울릴 것 같습니다. 하지만 책을 많이 넣고 다녀야 하는 학생이면 디자인이 예쁘니까 여자에게도 좋을 것 같아요. 이 가격에 아주 잘 산 것 같아요. 적극 추천합니다.

추천하고 싶은 사람	이유
남자, 책을 많이 가지고 다니는 학생	큽니다.

02 여러분이 산 물건에 대한 상품 평을 써 보십시오.

산 물건	
물건의 특징과 좋은 점	
추천하는 대상	

정리해 봅시다

글을 읽어 보고, 어느 물건을 사고 싶은지 이야기해 보십시오.

제3과

유학 생활

01 원서 접수에 대해서 질문이 있습니다

02 자기 전에 불 끄기

01

원서 접수에 대해서 질문이 있습니다

학/습/목/표 학교 게시판에 문의하는 글을 쓸 수 있다.

준비해 봅시다

다음은 학교 홈페이지에 쓴 글입니다.

[가]

번 호	12345	신청일	2012-10-28

학생증을 잃어버려서 다시 신청하려고 합니다.
신청하려면 돈이 필요합니까?
그리고 사진도 또 내야 합니까?

[나]

번 호	30125	신청일	2012-11-13

학교 안에서 근로 장학생 아르바이트를 하고 싶습니다.
그런데 제가 지금 휴학을 했는데, 휴학생도 근로 장학생 신청을 할 수 있습니까?

[다]

번 호	27725	신청일	2012-09-28

지금 공대에 다니고 있는 학생입니다. 요즘 공대에서 무선 인터넷 접속이 잘 안 될 때가 많습니다.
언제쯤 고쳐 주실 수 있는지 궁금합니다.

1. 위의 글은 어떤 글입니까?

① 부탁하는 글 ② 문의하는 글 ③ 소개하는 글 ④ 안내하는 글

2. 위의 글과 관계있는 것을 연결하십시오.

[가] • • 무선 인터넷 접속 수리
[나] • • 휴학생의 근로 장학생 신청
[다] • • 학생증 신청할 때 필요한 것

써 봅시다

01 학교 게시판에 문의하는 글을 쓰려고 합니다. 다음과 같은 단계로 써 보십시오.

1. 제목과 자기소개를 〈보기〉와 같이 간단하게 써 봅시다.

보기

제목	원서 접수에 대해서 궁금한 점이 있습니다.

안녕하세요?
저는 연세대학교 입학시험을 준비하고 있는 학생입니다.

- 경영학과 학생
- 학생회비에 대한 질문

- 기숙사 신청을 하고 싶은 학생
- 기숙사 신청에 대한 질문

제목	

2. 물어보고 싶은 자세한 내용을 〈보기〉와 같이 써 보십시오.

보기

원서접수에 대해서 궁금한 점이 있습니다.
언제부터 언제까지 접수를 할 수 있습니까?
그리고 접수할 때 어떤 서류가 필요한지 알고 싶습니다.
중국어로 된 서류도 괜찮습니까?

〈학생회비에 대한 질문〉

- 학생회비를 내는 기간
- 학생회비를 내는 장소
- 학생회비를 내는 방법

〈기숙사 신청에 대한 질문〉

- 기숙사 신청을 하는 기간
- 기숙사 신청에 필요한 서류
- 기숙사 신청비

3. 더 물어보고 싶은 내용과 마무리 인사를 〈보기〉와 같이 써 보십시오.

보기

또, 외국 국적의 학생이 더 준비해야 할 서류는 없는지도 궁금합니다.
그럼 답변 기다리겠습니다. 감사합니다.

마무리 인사의 예

- 그럼 답변 기다리겠습니다. 감사합니다.
- 그럼 수고하십시오. 되도록 답변을 빨리 해 주시기 바랍니다.
- 빠른 답변 주시면 감사하겠습니다

02 여러분이 궁금한 내용에 대해서 학교 게시판에 문의하는 글을 써 보십시오.

간단한 자기소개	
물어보고 싶은 내용	
더 물어보고 싶은 내용	

제목	

정리해 봅시다

친구가 쓴 문의하는 글을 보고 여러분이 알고 있는 내용으로 대답해 보십시오.

02 자기 전에 불 끄기

학/습/목/표 간단한 메모를 할 수 있다.

준비해 봅시다

다음은 간단히 메모를 한 글입니다.

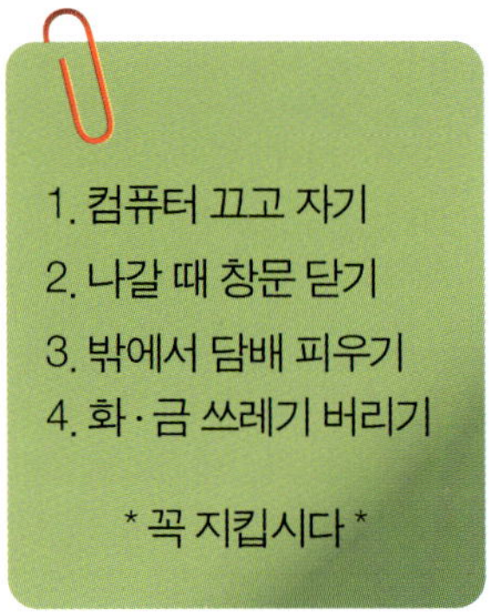

1. 컴퓨터 끄고 자기
2. 나갈 때 창문 닫기
3. 밖에서 담배 피우기
4. 화·금 쓰레기 버리기

* 꼭 지킵시다 *

[가]

지금은 외출 중
4:30에 돌아옴.

[나]

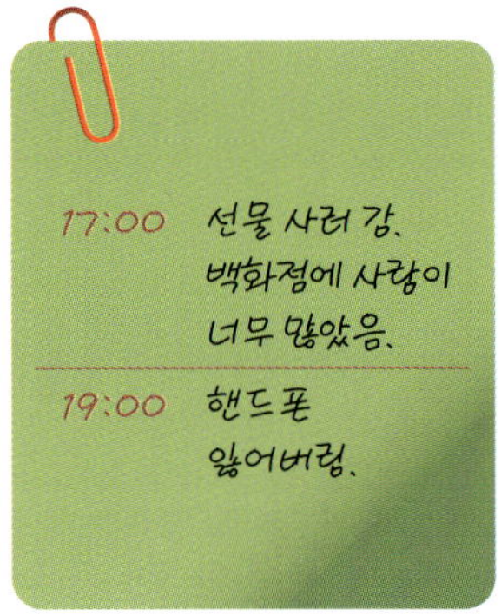

17:00 선물 사러 감. 백화점에 사람이 너무 많았음.
19:00 핸드폰 잃어버림.

[다]

1. 위의 글은 어떤 글입니까?

[가] •   • 나의 하루를 간단하게 쓴 글
[나] •   • 규칙을 쓴 글
[다] •   • 친구에게 알리는 쪽지

2. 다음 표현은 무엇과 관계가 있습니까?

규칙   알림   계획   간단한 메모

문법	예	사용하는 곳
-음/ㅁ	8시까지 돌아옴. 영화가 재미없었음.	간단한 메모, ________
-기	청소하기, 쓰레기 버리기 공부하기, 선물 사기	________, ________

써 봅시다

01 간단한 메모를 하려고 합니다. 다음과 같이 써 보십시오.

1. 방 친구와 함께 지킬 규칙을 〈보기〉와 같이 만들어 보십시오.

보기

〈우리 방 규칙〉
- 자기 전에 꼭 불 끄기
- 방에서 슬리퍼 신기

방에서 지켜야 할 일
- ☑ 자기 전에 불을 끕니다.
- ☐ 음악을 들을 때는 이어폰을 사용합니다.
- ☐ 간식을 먹은 다음에는 꼭 창문을 엽니다.
- ☐ 청소는 월 · 수 · 금에 합니다.
- ☑ 방에서는 슬리퍼를 신습니다.
- ☐ 외출할 때는 문을 잠그고 나갑니다.

〈우리 방 규칙〉
- ....
- ....
- ....
- ....
- ....

2. 다음은 한 학생이 화요일에 한 일입니다. 〈보기〉와 같이 간단히 메모해 보십시오.

화요일에 한 일

오전 9:00~10:00

시간이 부족했어요.

오전 10:00~11:00

어려웠어요.

오전 11:00~12:00

힘들었어요.

오후 2:00~5:00

재미없었어요.

오후 7:00~8:00

슈퍼에 사람이 많았어요.

오후 9:00~11:00

재미있었어요.

보기

월요일			
7:00		15:00	오후 수업 (다음 주 발표 준비해야 함.)
8:00	늦게 일어남. 운동 못 함.	16:00	
9:00	오전 수업	17:00	
10:00		18:00	전자 사전 사러 감. 물건이 없었음.
11:00	도서관–책 빌림(전공 책). 도서관에 사람이 너무 많았음.	19:00	
12:00	점심–미선 만남. 음식이 너무 매웠음.	20:00	동아리 모임
13:00	우체국–어머니 선물 보냄.	21:00	
14:00	테니스 배움. 힘들었음.	22:00	영화표 예매함.(영화: 괴물)

화요일(오늘)			
7:00		15:00	
8:00		16:00	
9:00	시험 공부함. 시간이 부족했음.	17:00	
10:00		18:00	
11:00		19:00	
12:00		20:00	
13:00		21:00	
14:00		22:00	

02 여러분이 정한 규칙이나 한 일을 간단하게 써 보십시오.

1. 반 친구와 규칙을 만들어서 써 보십시오.

〈우리 반 규칙〉

-
-
-
-
-
-
-

꼭 지킵시다

2. 여러분이 지난 일주일 동안 한 일을 써 보십시오.

일

월

화

수

목

금

토

정리해 봅시다

친구들의 규칙을 보십시오. 잘 지킬 수 있겠습니까? 이야기해 보십시오.

제4과

여행

01 다 같이 설악산으로 갑시다

02 2박 3일 동안 경주에 다녀왔다

01 다 같이 설악산으로 갑시다

학/습/목/표 간단한 여행 안내문을 쓸 수 있다.

준비해 봅시다

다음은 엠티 안내문입니다.

경영학과 엠티 안내문

[가] 경영학과 12학번 여러분!
캠퍼스 전체에 봄꽃이 피고 있는 아름다운 4월입니다. 이렇게 아름다운 계절에 12학번 전체 엠티를 가기로 했습니다.

[나] 엠티 날짜는 4월 7일과 8일이고 장소는 춘천입니다. 4월 7일 아침 9시에 도서관 앞에 모여서 함께 출발합니다. 특별한 준비물은 없습니다. 저녁에 조별로 장기자랑을 할 계획이니까 장기자랑 준비만 하면 됩니다.

[다] 이번 엠티는 이야기는 많이 하고 술은 조금 마시는 엠티가 되었으면 합니다. 우리 모두 많은 이야기도 하고 친해질 수 있는 좋은 자리를 만듭시다. 12학번 여러분 모두 다 같이 갑시다!

1. 위의 글을 읽고 관계있는 것을 연결하십시오.

[가] •	• 끝맺는 말
[나] •	• 인사말
[다] •	• 일정 안내

2. 위의 글을 요약하십시오.

- 엠티 날짜 : 4월 7일~8일
- 엠티 장소 : ____________________
- 모이는 장소 : ____________________
- 모이는 시간 : ____________________

써 봅시다

01 동아리 엠티 안내문을 쓰려고 합니다. 다음과 같은 단계로 엠티 안내문을 써 보십시오.

1. 여러분은 어떤 계절 인사를 합니까? 계절 인사를 넣어서 〈보기〉와 같이 엠티 안내문의 인사말을 써 보십시오.

> 보기
>
> 동아리 회원 여러분!
> 산마다 빨간색 단풍이 아름다운 10월입니다. 아름다운 단풍도 구경하고 동아리 회원들을 모두 만나기 위한 가을 엠티를 가기로 했습니다.

〈계절 인사의 예〉		〈나만의 계절 인사〉
봄	꽃들이 인사하는 봄입니다.	
여름	시원한 바다가 부르는 여름입니다.	
가을	산마다 빨간색 단풍이 아름다운 10월입니다.	
겨울	따뜻한 커피가 생각나는 겨울입니다.	

2. 엠티 날짜와 장소, 모이는 시간과 장소를 쓰십시오. 특별히 알려 줄 내용이나 준비해야 할 것도 함께 써 보십시오.

보기

이번 엠티는 10월 10일과 11일에 설악산으로 갑니다. 10월 10일 아침 8시에 학교 정문 앞에 모여서 가기로 했습니다. 5시간 정도 등산을 할 계획이니까 편한 옷과 등산할 때 신을 수 있는 신발을 준비해야 합니다.

엠티 날짜	엠티 장소	모이는 시간	모이는 장소	특별한 것

3. 이번 엠티는 어떤 엠티였으면 좋겠습니까? 끝인사와 함께 안내문을 써 보십시오.

보기

지금까지 우리 동아리 엠티는 먹고 마시는 엠티였습니다. 그러나 이번 엠티는 '운동하자' 엠티입니다. 많이 먹고 마시고 5시간 동안 등산을 하는 '먹고 마시고 운동하는' 엠티가 될 것입니다. 튼튼한 체력을 준비해 가지고 다 같이 설악산으로 갑시다. 설악산이 우리를 부릅니다.

엠티의 목표	이야기 많이 하자, 맛있는 것 많이 먹자, 서로 친해지자, ______

02 졸업생 환송 엠티를 가려고 합니다. 위와 같은 단계로 엠티 안내문을 써 보십시오.

정리해 봅시다

다른 사람의 안내문을 읽어 보십시오. 이해하기 어려운 부분이 있으면 함께 이야기해 보십시오.

02 2박 3일 동안 경주에 다녀왔다

학/습/목/표 간단한 기행문을 쓸 수 있다.

준비해 봅시다

다음은 한 학생이 여행을 다녀와서 쓴 글입니다.

[가] 3월 15일부터 17일까지 2박 3일 동안 경주에 다녀왔다. 서울에서 기차를 타고 갔다. 경주에 있는 유적지는 모두 시내에서 가깝기 때문에 대중교통을 이용해서 구경할 수 있었다.

[나] 경주에서는 정말 여러 가지를 구경했는데 그 중에서도 석굴암에서 본 해돋이가 제일 기억에 남는다. 5시에 일어나서 택시를 타고 석굴암까지 갔다. 6시가 조금 넘으니까 해가 뜨기 시작했는데, 그날 날씨가 좋아서 정말 아름다운 해를 볼 수 있었다.

[다] 사진으로 보는 해돋이와 직접 보는 해돋이는 정말 달랐다. 석굴암에서 직접 본 해돋이는 정말 멋있었다. 한 번 보는 것이 백 번 듣는 것보다 낫다.

1. 위의 글을 읽고 관계있는 것을 연결하십시오.

[가] •	• 여행의 느낌
[나] •	• 여행 일정과 방법
[다] •	• 여행할 때 보고 들은 것

2. 위의 글을 정리하십시오.

- 여행 장소 : 경주
- 여행 기간 : ______________________
- 교통편 : ______________________
- 기억에 남는 것 : ______________________
- 느낌 : ______________________

써 봅시다

01 여행을 갔다 온 후에 여행 이야기를 쓰려고 합니다. 다음과 같은 단계로 여행 이야기를 써 보십시오.

1. 〈보기〉와 같이 여행 장소와 기간, 교통편에 대해 써 보십시오.

보기

지난주에 친구들과 2박 3일로 제주도에 갔다 왔다. 제주도까지는 물론 비행기로 갔고, 제주도에서는 택시를 타고 다녔다. 이번은 두 번째 여행이어서 유명한 관광지는 가지 않고 사람들이 많이 가지 않는 곳을 찾아다녔다.

	일정
여행 장소	
여행 기간	
교통편	

2. 여행을 할 때 무엇을 보고 들었습니까? 〈보기〉와 같이 써 보십시오.

보기

제주도의 유명한 관광지는 아니지만 사람들이 많이 찾는 산책로에 갔다. 이 산책로를 따라 걸으면서 바닷가를 걷기도 하고 작은 산을 올라가기도 했다. 여기는 다른 관광지처럼 사람이 많지 않아서 조용했고 무엇보다도 경치가 아주 아름다웠다. 산 위로 올라가면 먼 바다까지 보였고, 바닷가에서는 맑은 바닷물 속의 물고기들도 볼 수 있었다.

간 곳	산책로, 바닷가, 해수욕장, 박물관, 절, ________
본 것	나무, 꽃, 단풍, 바다, 물고기, 그림, ________
한 것	산책, 등산, 수영, 낚시, 관람, 구경, ________
특징	조용하다, 경치가 아름답다, 공기가 맑다, ________

3. 여행했을 때 느낌은 어땠습니까? 또, 여행을 한 후에 어떤 것을 알게 되었습니까? 느낌과 알게 된 것을 〈보기〉와 같이 써 보십시오.

보기

이번 여행에서는 조용하고 아름다운 진짜 제주도를 보았다. 맛있는 음식을 천천히 먹는 것처럼 한가하게 즐길 수 있어서 정말 기분이 좋았다. 지금까지는 여행을 가면 좀 더 많이 보고 싶어서 바쁘게 다녔다. 그렇지만 그 후에는 피곤하기만 했다. 많이 보는 것보다 하나를 봐도 느낄 수 있는 것이 더 중요하다.

느낌	즐겁다, 신나다, 기분이 좋다, 상쾌하다, 행복하다, 답답하다, 짜증나다, 슬프다, 우울하다, 화가 나다
알게 된 것	하나를 봐도 느낄 수 있는 것이 더 중요하다. ________________

02 여러분이 여행한 곳에 대해 위와 같이 여행 이야기를 써 보십시오.

여행 장소와 여행 기간	
교통편	
이번 여행의 특별한 점	
가장 기억에 남는 것	
기억에 남는 이유	
여행 중 느낌	
여행한 후 알게 된 것	

정리해 봅시다

여러분이 쓴 글을 발표해 보십시오. 누가 여행한 곳에 한번 가 보고 싶습니까? 같이 이야기해 보십시오.

제5과

학교 시설

01 이곳은 학생들이 많이 이용합니다

02 건강하게 지내시길 바랍니다

01 이곳은 학생들이 많이 이용합니다

학/습/목/표 학교 시설을 소개하는 글을 쓸 수 있다.

준비해 봅시다

다음은 학교 시설에 대해 소개하는 글입니다.

[가] 외국어학당은 학교 재학생이나 일반인들이 외국어를 공부할 수 있는 곳으로, 학교 동문으로 들어와서 삼거리 왼쪽에 있는 새천년관에 있습니다.

[나] 이곳에서는 오랜 경험이 있는 훌륭한 강사들로부터 영어, 일본어, 중국어, 프랑스어, 독일어, 러시아어를 배울 수 있고, 회화와 문법을 정확하게 배울 수 있는 곳입니다.

[다] 수강신청은 이곳 홈페이지에서 하고 접수한 후에 수강료를 냅니다. 그리고 신청할 때 반편성 시험을 예약하고 정해진 날짜에 이곳에 직접 와서 강사와 면접 시험과 필기 시험을 봅니다. 홈페이지에서 반편성 시험 결과를 확인하고 자신의 급과 반을 확인합니다.

1. 위의 글을 읽고 관계있는 것을 연결하십시오.

[가] •		• 이용 방법
[나] •		• 위치와 소개
[다] •		• 할 수 있는 것

2. 학교 시설을 소개하는 글에 어떤 내용이 더 들어가면 좋겠습니까?

- 이용 시간
- 주의 사항
-
-

써 봅시다

01 다음과 같이 학교 시설을 소개하는 글을 써 보십시오.

1. 여러분이 이용해 본 학교 시설의 소개와 위치를 써 보십시오.

보기

학생회관 1층에 있는 학생식당은 근처에 강의를 듣는 건물이 많아서 학생들이 아주 많이 이용합니다. 정문에서 약 200미터쯤 걸어오면 오른쪽에 보이는 건물입니다.

2. 위에서 소개한 곳에서 무엇을 할 수 있는지 특징을 써 보십시오.

이 식당에는 한식과 일식, 중식뿐만 아니라 다양한 메뉴가 있고 가격이 쌉니다. 학생들에게 가장 인기 있는 메뉴는 순두부찌개와 스파게티입니다. 이용하는 학생들이 많아서 점심 시간에는 줄을 서서 기다릴 때도 있지만 학교에 있는 다른 식당보다 넓고 자리가 많아서 많이 불편하지는 않습니다.

3. 위에서 소개한 곳의 이용 방법을 써 보십시오.

이 식당을 이용할 때에는 먼저 식당 문 앞에 있는 게시판에서 그날의 메뉴를 확인합니다. 마음에 드는 음식이 있으면 들어가서 표를 삽니다. 카드로도 살 수 있습니다. 표를 산 후에는 해당 음식 코너에 가서 표를 내고 식판과 수저를 올려 놓습니다. 음식을 받으면 식당의 빈자리에 가서 식사를 하면 됩니다. 이 식당은 아침 8시 30분에 문을 열고 저녁 7시까지 영업을 합니다. 주말에는 쉽니다.

02 여러분이 이용해 본 학교 시설이나 장소를 소개하는 글을 써 보십시오.

이름	
위치	
특징	
이용 시간	
이용 방법	

정리해 봅시다

친구의 글을 읽어 보고 더 질문이 있으면 이야기해 보십시오.

02 건강하게 지내시길 바랍니다

학/습/목/표 편지를 써서 보낼 수 있다.

준비해 봅시다

다음은 선생님께 보내는 편지입니다.

[가] 김 선생님께

[나] 안녕하세요, 선생님. 무더운 날씨에 건강하시지요?
저도 잘 지내고 있습니다.

[다] 저는 지난주에 고향에 와서 공부와 아르바이트에 대한 생각을 잊고 오랜만에 가족들과 친구들하고 즐거운 시간을 보내고 있습니다. 어제는 동생과 함께 바다에 놀러 갔다 왔습니다. 수영도 하고 밤에는 배를 타고 바다에 나가서 고기도 잡았어요.

낚시는 태어나서 처음 해 봤는데, 제 팔보다 더 큰 고기를 두 마리나 잡았습니다. 선생님께서 믿기 힘드실 것 같아서 사진을 같이 넣었어요. 제 말이 맞지요?

저는 다음 주에 한국에 돌아갈 예정입니다. 돌아갈 때 선생님께서 좋아하시는 차를 사 가지고 가겠습니다.

[라] 그럼, 선생님께서도 방학 동안 건강하게 지내시길 바랍니다.
한국에 돌아가서 인사드리겠습니다. 안녕히 계세요.

[마] 2012년 7월 28일
[바] 왕 웨이 올림

1. 위의 글을 읽고 관계있는 것을 연결하십시오.

[가] •	• 끝인사
[나] •	• 날짜
[다] •	• 보내는 사람
[라] •	• 받는 사람
[마] •	• 내용
[바] •	• 인사말

2. 위의 글을 다음 표에 정리해 보십시오.

받는 사람	
인사말	
내용	
끝인사	
날짜	
보내는 사람	

써 봅시다

01 편지를 써 보십시오.

1. 보고 싶은 사람이 있습니까? 〈보기〉와 같이 받는 사람을 쓰고 인사말을 써 보십시오.

보기

보고 싶은 미선 씨에게

안녕하세요? 미선 씨, 잘 지내고 있어요? 저도 잘 지내고 있어요. 미국 생활은 어때요? 1년 후에 돌아올 거지만 날마다 한 방에서 가족 같이 지내던 미선 씨가 없으니까 기숙사가 텅 빈 것 같아요.

..................에게 / 께

....

....

....

....

....

2. 하고 싶은 이야기가 있습니까? 〈보기〉와 같이 써 보십시오.

보기

미선 씨, 제가 재미있는 이야기를 해 줄까요? 어제 학교 축제에서 노래자랑 대회가 있었는데, 저하고 리에 씨가 같이 대회에 나갔어요. 요즘 인기 있는 댄스 가수 '이유리'의 노래를 부르고 춤도 추었어요. 일주일 동안 리에 씨하고 노래방에 가서 노래와 춤을 아주 열심히 연습했어요. 그리고 저희는 2등을 했어요! 2등 상금으로 30만 원을 받았고요. 정말 재미있고 기분이 좋았어요. 만약 노래 잘하는 미선 씨가 있었으면 아마 1등을 했을 거예요.

3. 어떻게 끝인사를 하겠습니까? 〈보기〉와 같이 인사하고 날짜와 보내는 사람의 이름을 써 보십시오.

보기

미선 씨도 미국에서 재미있는 일이 있으면 알려 주세요. 그리고 공부도 열심히 하고 좋은 사람들과 항상 즐겁게 지내기를 바랄게요. 하지만 무엇보다도 건강이 제일 중요한 거 알죠? 빨리 다시 만나기를 바라면서 이만 줄일게요. 그럼 또 연락할게요. 안녕.

2012년 10월 10일

밍밍이가

02 누구에게 편지를 쓰겠습니까? 위와 같은 단계로 편지를 써 보십시오.

- ☐ 부모님
- ☐ 친구
- ☐ 형제
- ☐ 교수님
- ☐ 기숙사 선생님
- ☐ 식당 아줌마

기타 (   )

the massage from Fall......

정리해 봅시다

쓴 편지를 우체국에 가서 부쳐 보십시오.

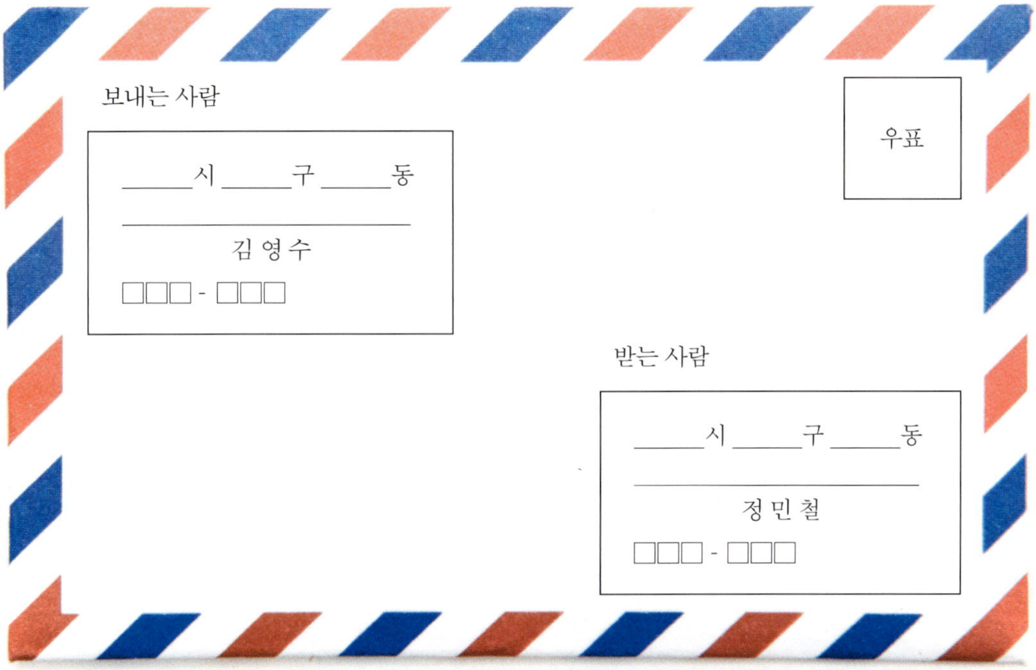

제6과

만남

01 생일 파티에 초대합니다

02 답장이 늦어서 미안해

01 생일 파티에 초대합니다

학/습/목/표 모임에 초대하는 글을 쓸 수 있다.

준비해 봅시다

다음은 생일 파티에 초대하는 글입니다.

생일 파티에 초대합니다!!!

[가] 경제학과 12학번 동기 여러분, 안녕하세요. 정민철입니다. 수업을 같이 듣지 않는 친구들은 얼굴 보기도 힘들었네요. 모두들 잘 지내고 있지요?

[나] 다음 주 토요일이 제 생일이어서 동기들과 함께 생일파티를 하려고 합니다. 맛있는 음식과 음료도 준비하고 재미있는 게임도 할 예정이니 다들 바쁘겠지만 시간 내서 모두 꼭 와 주면 좋겠습니다.

[다] 날　짜 : 2012년 4월 16일 토요일 오후 3시
장　소 : 유진 아파트 2동 303호(정민철 집)
연락처 : 010-1234-5678

1. 위의 글을 읽고 관계있는 것을 연결하십시오.

[가] •　　　　• 인사말
[나] •　　　　• 날짜와 장소
[다] •　　　　• 초대하는 이유

2. 다음 표에 내용을 정리해 보십시오.

모임	
인사말	
초대하는 이유	
날짜와 장소, 연락처	

써 봅시다

01 초대하는 글을 쓰려고 합니다. 다음과 같은 단계로 글을 써 보십시오.

1. 초대하는 글을 쓸 때 어떻게 인사를 합니까? 〈보기〉와 같이 인사말을 쓰십시오.

보기

연극 공연에 초대합니다.

안녕하세요, 한국학과 선후배, 동기 여러분. 저는 12학번 김미선입니다. 중간시험도 끝나가고 1학기가 거의 끝나가고 있는데 무더위 속에 모두들 건강하게 잘 지내고 계시지요?

모임	동아리 연극 공연
초대하는 대상	과 친구, 선후배
시기와 계절 인사	학기 중, 아름다운 꽃이 핀 계절

____________________에 초대합니다!!!

2. 초대하는 이유를 〈보기〉와 같이 써 보십시오.

보기

저는 곧 미국으로 2년 동안 어학연수를 가는데, 다음 달 초에 출국하게 되었습니다. 그래서 그동안 같이 공부하면서 가깝게 지냈던 선후배, 동기 여러분들과 함께 식사하는 자리를 마련하려고 합니다. 바쁘시겠지만 모두 오셔서 맛있는 음식도 드시고 즐거운 만남의 시간을 가지시기를 바랍니다.

초대하는 이유	첫 공연이다, 한국말로 연기한다, 친한 사람들에게 보여주고 싶다.

3. 모임의 날짜와 장소, 연락처를 〈보기〉와 같이 써 보십시오.

보기

모임 날짜는 5월 28일 금요일 오후 6시이고, 장소는 학교 정문 근처 '자매갈비' 2층입니다. 참석 여부를 제 전화 010-9999-3333으로 알려주시면 감사하겠습니다. 그럼 그 날 뵙겠습니다. 안녕히 계세요.

날짜와 시간	2012년 5월 13일 금요일 오후 4시
장소	학교 대강당
연락처	휴대전화 : 010-3333-4567
덧붙이는 말	다른 친구들에게도 알려 주기를 바랍니다.

02 모임에 초대하는 글을 위와 같은 단계로 써 보십시오.

모임	
초대하는 대상	
초대하는 이유	
날짜와 장소	
연락처	
더 하고 싶은 말	

_______________에 초대합니다

일시:

장소:

정리해 봅시다

다른 사람의 초대 글을 읽어 보고 답장을 써 보십시오.

02 답장이 늦어서 미안해

학/습/목/표 약속을 바꾸거나 취소하는 답글을 쓸 수 있다.

준비해 봅시다

다음은 친구와 주고받은 이메일입니다.

[가]

----- Original Message -----
제　목 : 목요일에 조 모임을 합니다.
날　짜 : 2012년 3월 27일 화요일 14:10
보낸이 : 김미선
받는이 : 밍밍

안녕하세요, 김미선입니다. 여러분들의 의견을 물어본 결과 '경제학' 수업 조 모임이 이번 주 목요일 오후 4시로 결정됐습니다. 여러분 모두 괜찮지요? 각자 맡은 내용을 잘 준비해서 그 날 만나기로 합시다. 그럼 안녕히 계세요.

[나]

RE : 목요일에 조모임을 합니다.
날　짜 : 2012년 3월 27일 화요일 15:28
보낸이 : 밍밍
받는이 : 김미선

안녕하세요? 미선 씨, 미안한데요, 모임 시간을 1시간 미룰 수는 없을까요? 제가 그날 좀 늦을 것 같아요. 제가 한국 친구와 언어 교환을 하고 있는데, 그 친구가 곧 유학을 가게 되어서 요즘 자주 만나서 도와주고 있어요. 목요일에도 그 친구와 선약이 있는데 빨리 끝내도 1시간 정도 늦을 것 같은데 모임 시간을 1시간 미룰 수는 없을까요? 미안해요. 다시 연락 주세요.

[다]

RE: RE : 목요일에 조모임을 합니다.
날　짜 : 2012년 3월 27일 화요일 18:15
보낸이 : 김미선
받는이 : 밍밍

안녕하세요, 밍밍 씨. 목요일에 많이 바쁘시군요. 다른 친구들에게 물어보니까 다들 1시간 늦게 해도 괜찮다고 해요. 5시까지 전에 모였던 학교 앞 세미나 카페로 오세요. 그럼, 그때 만나요.

1. 위의 글을 읽고 관계있는 것을 연결하십시오.

[가] • • 모임 시간이 바뀌었다.

[나] • • 모임 시간이 결정됐다.

[다] • • 모임 시간을 바꾸면 좋겠다.

2. 위의 글을 한 문장으로 정리해 보십시오.

[가] ______________________________

[나] ______________________________

[다] ______________________________

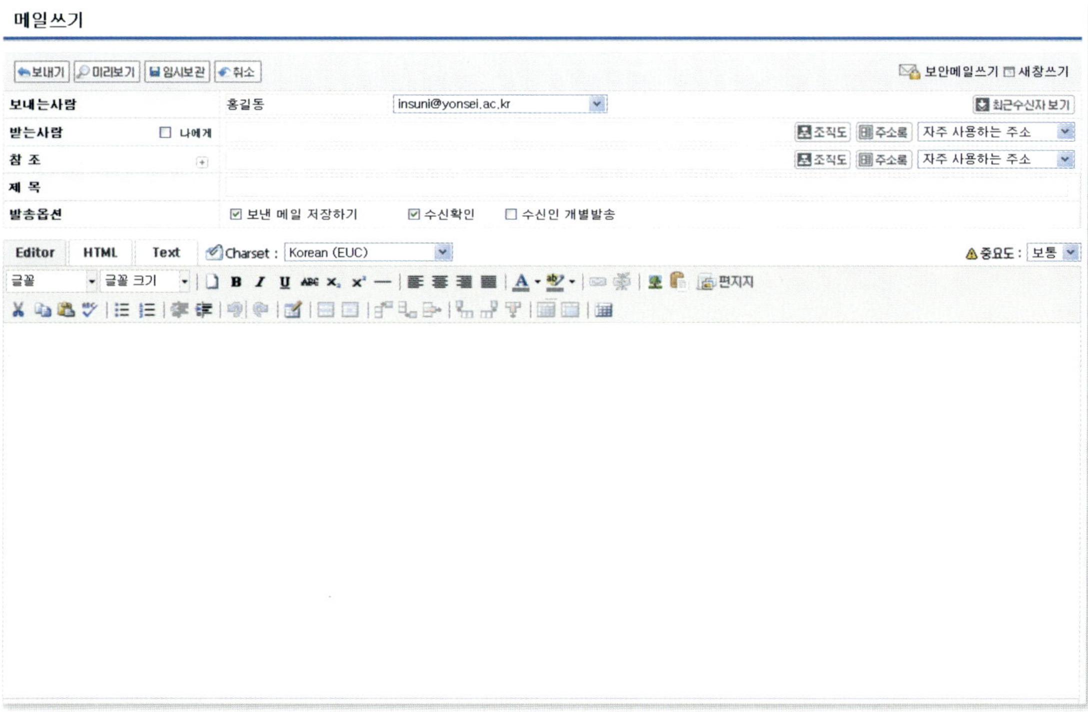

써 봅시다

01 답글을 써 보십시오.

1. 모임이나 약속을 정하는 답글을 〈보기〉와 같이 써 보십시오.

보기

받은 이메일

영수야, 시험도 끝났는데 우리 이번 주말에 영화 보러 가는 거 어때? '김동원'이 나오는 영화가 있는데 광고를 보니까 정말 재미있을 것 같아. 그리고 사람도 없고 싸니까 오전에 조조 영화를 보는 게 어떨까?

답글

안녕? 미선아, 답장이 늦어서 미안해. 나도 그 영화 보고 싶었어. 조조 영화를 보는 것도 아주 좋은 생각이야. 돈도 절약할 수 있고 오후에도 시간이 있으니까 다른 데 구경 갈 수도 있을 거야. 표는 오늘 내가 예매할게. 너는 오후에 어디에 가고 싶은지 생각해 봐.

받은 이메일

안녕하세요? 웨이 씨, 다음 주쯤에 김만식 교수님을 찾아뵈려고 하는데, 웨이 씨도 같이 가는 게 어때요? 웨이 씨도 수업이나 진로에 대해 교수님과 말씀을 나누어 보고 싶다고 했으니까 같이 가면 좋을 것 같은데요. 수업이 끝나고 교수님 연구실로 가는 게 어떨까요? 웨이 씨 생각은 어떤지 알려 주세요.

답글

2. 모임이나 약속을 바꾸는 답글을 〈보기〉와 같이 써 보십시오.

보기

받은 이메일

영수야, 시험도 끝났는데 우리 이번 토요일에 영화 보러 가는 거 어때? '김동원'이 나오는 영화가 있는데 광고를 보니까 정말 재미있을 것 같아. 그리고 오전에는 사람도 없고 싸니까 조조영화를 보는 게 어떨까?

답글

안녕? 미선아, 미안한데 나 토요일 오전에는 일이 있어서 조조 영화는 볼 수가 없어. 아르바이트 하는 편의점에서 같이 일하는 친구가 부탁을 해서 내가 오전에 일을 해 주겠다고 했어. 미안하지만 오후나 저녁에 보러 가자. 넌 어떤지 알려 줘. 미안해.

받은 이메일

안녕하세요? 웨이 씨, 다음 주쯤에 김만식 교수님을 찾아뵈려고 하는데, 웨이 씨도 같이 가는 게 어때요? 웨이 씨도 수업이나 진로에 대해 교수님과 말씀을 나누어 보고 싶다고 했으니까 같이 가면 좋을 것 같은데요. 수업이 끝나고 교수님 연구실로 가는 게 어떨까요? 웨이 씨 생각은 어떤지 알려 주세요

답글

3. 모임이나 약속을 취소하거나 거절하는 답글을 〈보기〉와 쓰십시오.

보기

받은 이메일

영수야, 시험도 끝났는데 우리 이번 토요일에 영화 보러 가는 거 어때? '김동원'이 나오는 영화가 있는데 광고를 보니까 정말 재미있을 것 같아. 그리고 사람도 없고 싸니까 오전에 조조 영화를 보는 게 어떨까?

답글

안녕? 미선아, 나도 영화를 보고 싶기는 하지만 다음 주까지 내야 할 보고서가 있어. 아직 자료 조사도 더 해야 하고 내용도 정리해야 해서 주말에 바쁠 것 같아. 영화는 다음 주에 보자. 미안해.

받은 이메일

안녕하세요? 웨이 씨, 다음 주쯤에 김만식 교수님을 찾아뵈려고 하는데, 웨이 씨도 같이 가는 게 어때요? 웨이 씨도 수업이나 진로에 대해 교수님과 말씀을 나누어 보고 싶다고 했으니까 같이 가면 좋을 것 같은데요. 수업이 끝나고 교수님 연구실로 가는 게 어떨까요? 웨이 씨 생각은 어떤지 알려 주세요.

답글

02 이메일을 받았습니다. 다음 중에서 하나를 골라 답글을 써 보십시오.

- 약속에 동의하는 답글
- 약속을 바꾸는 답글
- 약속을 취소하거나 거절하는 답글

받은 이메일

같이 수업 들었던 친구들과 다음 주 금요일에 2박 3일로 여행을 가는 게 어때요? 그리고 친구들이 제주도까지 배를 타고 가고 싶다고 하고, 또 가서 자전거로 제주도 일주를 하는 게 좋겠다고 해요. 웨이 씨는 어때요?

답글

정리해 봅시다

친구의 이메일을 읽고 간단한 답글을 써 보십시오.

제7과

일상생활

01 낮은 층은 걸어서 갑시다

02 디지털 카메라를 샀습니다

01 낮은 층은 걸어서 갑시다

학/습/목/표 편의 시설 이용에 관련하여 건의하는 글을 쓸 수 있다.

준비해 봅시다

다음은 기숙사 신문에 실린 엘리베이터 이용에 관한 글입니다.

낮은 층은 걸어서 가면 어떨까요?

[가] 저는 수업 시간마다 교실을 찾아 달려가는 신입생이에요. 그런데 쉬는 시간 10분 동안 6층까지 뛰어 올라가는 것이 힘들어서 짧은 글을 쓰려고 해요.

[나] 수업이 5층이나 6층에서 있는 날 엘리베이터를 타려면 사람이 꽉 차 있어서 탈 수 없을 때가 많아요. 그리고 가끔 엘리베이터를 타도 1층부터 6층까지 층마다 서서 계단으로 뛰어가는 것보다 시간이 더 걸릴 때도 많아요. 그러면 엘리베이터를 탄 것을 후회하게 되지요.

[다] 이런 경험은 다른 분들도 하셨을 것 같아요. 얼마 전에 '1층을 걸어 올라가면 10초 오래 살 수 있다'는 글을 어디서 본 적이 있어요. 날마다 2층을 걸어가면 꽤 오래 살 수 있겠지요? 우선 저부터 오래 살기 운동을 시작해야겠어요. 다른 분들도 같이 오래 삽시다.

1. 위의 글을 읽고 관계있는 것을 연결하십시오.

[가] •	• 자신이 겪은 어려움
[나] •	• 제안
[다] •	• 글을 올리는 이유

2. 위의 글을 한 문장으로 요약하십시오.

[가] ______________________________

[나] ______________________________

[다] ______________________________

써 봅시다

01 학교 시설을 이용하면서 경험한 불편을 글로 쓰려고 합니다. 다음과 같은 단계로 써 보십시오.

1. 학생 식당을 이용할 때 불편한 점이 있었습니까? 〈보기〉와 같이 써 보십시오.

보기

학생 식당에 빈자리가 없어요!

저는 학생 식당을 사랑하는 새내기입니다. 학생 식당은 값도 싸고 또 가까워서 돈과 시간을 절약할 수 있기 때문에 점심 식사는 무조건 학생식당에서 해결해요. 그런데 저만 학생 식당을 사랑하고 다른 분들은 그렇지 않은 것 같아서 짧은 글을 쓰려고 해요.

점심 시간에는 학생 식당에 사람이 아주 많아요. 표를 사려면 줄을 서야 하고 음식을 받기 위해서도 줄을 서서 기다려야 해요. 그렇게 해서 식사를 하려고 하면 빈자리가 없어서 여기저기 찾아 다녀요. 그런데 자리에 앉아 있는 학생들 중에는 식사가 다 끝났는데도 계속 앉아서 이야기를 하고 있거나 아이스크림이나 주스 같은 것을 먹거나 마시고 있는 학생들도 있어요.

2. 학생 식당 이용의 불편한 점을 없애기 위한 좋은 방법이 있습니까? 그 방법을 제안하는 글을 〈보기〉와 같이 써 보십시오.

보기

식사한 후에 친구들과 이런 저런 이야기를 하면서 아이스크림도 먹고 이야기하는 것이 나쁜 것은 아니지요. 친구들과 밥을 먹고 커피를 마시고 이야기하는 것은 누구나 하는 일이니까요. 그렇지만 점심시간에는 자리가 없으니까 기다리는 사람들을 위해서 자리를 비켜 주면 좋겠다고 생각해요. 밥은 천천히 맛있게 먹고 이야기는 다른 곳으로 가서 재미있게 하면 어떨까요?

02 편의 시설을 이용하면서 경험한 불편을 글로 쓰려고 합니다. 아래 표에 정리하고 글을 써 보십시오.

자주 이용하는 편의 시설	
그 편의 시설에 대한 설명	
그 편의 시설 이용에 불편한 점	
제안	

정리해 봅시다

다른 사람의 글을 읽어 보십시오. 다른 제안이 있으면 같이 이야기해 보십시오.

02 디지털 카메라를 찾습니다

학/습/목/표 분실물 광고를 쓸 수 있다.

준비해 봅시다

다음은 한 학생이 학교 분실물 광고 난에 쓴 분실물 광고입니다.

USB를 잃어버렸습니다

[가] USB를 찾고 있습니다.
어제(8월3일) 컴퓨터실에서 보고서를 쓰다가
그대로 컴퓨터에 USB를 꽂아 놓고 갔습니다.

[나] 녹색 뚜껑이 있고 열쇠고리가 달려 있는 USB입니다.
이 USB를 보신 분은 저에게 연락해 주십시오.
연락처 **010-7566-1324**

[다] 이 USB에는 중요한 자료가 들어 있습니다.
그 자료는 보고서를 쓸 때 꼭 필요한데 보고서를 다음 주까지 내야 합니다.
저는 그 USB가 없으면 큰일 납니다. 도와주십시오.

1. 위의 글을 읽고 관계있는 것을 연결하십시오.

[가] •	• 잃어버린 물건의 중요성
[나] •	• 물건을 잃어버린 시간과 장소
[다] •	• 잃어버린 물건에 대한 설명과 연락처

2. 위의 글을 요약 정리하십시오.

잃어버린 물건 : ____________________

잃어버린 때 : ____________________

잃어버린 장소 : ____________________

연락처 : ____________________

써 봅시다

01 잃어버린 물건을 찾는 광고를 쓰려고 합니다. 다음과 같은 단계로 물건을 찾는 광고를 써 보십시오.

1. 다음 물건 중에서 하나를 골라 〈보기〉와 같이 분실물 광고를 쓰십시오.

보기

디지털 카메라를 찾습니다

디지털 카메라를 찾고 있습니다. 지난 7월 25일(화요일)에 학생 식당에서 디지털 카메라를 잃어버렸습니다. 친구들과 사진을 찍고 이야기하다가 식탁 의자 위에 카메라를 놓고 갔습니다.

디지털 카메라

필통

손목 시계

잃어버린 물건	언제	어디서
디지털 카메라	7월 25일	학생 식당

2. 잃어버린 물건에 대한 설명과 연락 방법을 〈보기〉와 같이 써 보십시오.

보기

색깔은 까만색이고 크기는 가로 10cm, 세로 6cm 정도의 작은 카메라인데, 카메라 손잡이에는 방울이 달려 있습니다. 이 카메라를 보신 분은 저에게 연락해 주십시오. 제 핸드폰 번호는 010-1234-5555입니다. 전화를 해 주시거나 문자를 남겨 주시면 정말 감사드리겠습니다.

3. 그 물건을 꼭 찾아야 하는 이유를 〈보기〉와 같이 써 보십시오.

보기

그 카메라는 비싼 카메라는 아니지만 저에게는 중요한 카메라입니다. 카메라 안에 제 가족들과 친구들의 사진이 모두 들어 있습니다. 이 카메라를 잃어버리면 저는 제 추억을 모두 잃어버리는 겁니다. 카메라를 찾을 수 있게 도와주십시오.

02 물건을 잃어버린 적이 있습니까? 여러분이 잃어버린 물건을 찾는 광고를 위와 같이 써 보십시오.

잃어버린 물건	언제	어디서	물건의 특징

정리해 봅시다

다른 사람의 글을 읽어 보십시오. 어떤 물건을 잃어버렸는지 잘 이해할 수 있습니까? 같이 이야기해 보십시오.

제8과

공공시설

01 독감에 걸렸습니다

02 평일 오전에는 한가합니다

01 독감에 걸렸습니다

학/습/목/표 아팠던 경험을 이야기로 쓸 수 있다.

준비해 봅시다

다음은 한 학생이 자신이 아팠던 경험에 대해 쓴 글입니다.

[가] 저는 감기에 잘 걸리지 않는데, 지난 겨울에 독감에 걸렸습니다. 두통도 심하고 열도 많이 났습니다. 또 목도 많이 부어서 물도 겨우 마셨습니다.

[나] 독감은 그냥 좀 심한 감기인 줄 알았는데, 정말 많이 아팠습니다. 병원에서 주사도 맞고 약도 사다가 먹었습니다. 그런데도 효과는 별로 없었고 일주일 내내 고생했습니다. '이런 것이 독감이구나'라고 느꼈습니다.

[다] 독감에 걸리기 전에는 감기 때문에 아프다고 하는 것을 이해하지 못했는데, 이제는 달라졌습니다. 뭐든지 직접 경험을 하기 전에는 이해하기가 힘든 것 같습니다. 아파서 고생은 했지만 다른 사람의 고통을 좀 더 이해할 수 있게 되었습니다.

1. 위의 글을 읽고 관계있는 것을 연결하십시오.

[가] •	• 아픈 후에 알게 된 것
[나] •	• 아팠던 시기와 증상
[다] •	• 아팠을 때 한 행동

2. 위의 글을 한 문장으로 요약하십시오.

[가] ______________________________

[나] ______________________________

[다] ______________________________

써 봅시다

01 아팠던 경험을 쓰려고 합니다. 다음과 같은 단계로 써 보십시오.

1. 아팠던 적이 있었습니까? 그림을 보고 〈보기〉와 같이 써 보십시오.

보기

과식을 한 것도 아니고 상한 음식을 먹은 것도 아닌데 그저께 아침부터 배가 좀 아팠습니다. 그래서 소화제를 먹고 식사도 소화가 잘 되는 걸로 골라서 했습니다. 그런데 저녁이 되니까 배가 너무 아파서 걸을 수도 없었고, 숨도 못 쉴 것 같았습니다.

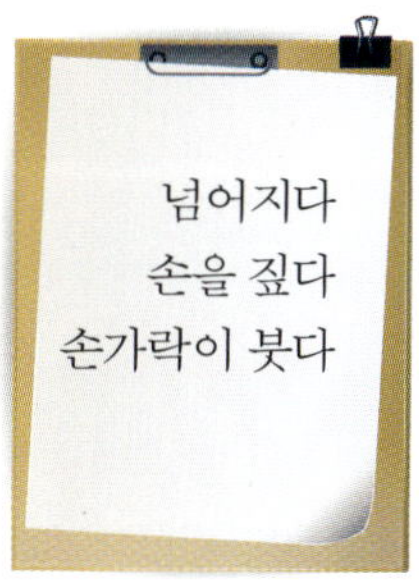

2. 아주 심하게 아팠을 때 어떻게 했습니까? 그림을 보고 〈보기〉와 같이 써 보십시오.

보기

친구에게 전화를 걸어서 좀 도와 달라고 했습니다. 그래서 친구와 같이 병원 응급실에 갔습니다. 응급실에서 피검사를 하고 엑스레이 사진을 찍었습니다. 주사를 맞고 30분쯤 지나니까 조금 괜찮아졌습니다. 한 시간쯤 후에 의사 선생님께서 '위염'인 것 같다고 말씀하셨습니다. 한두 시간 있다가 좋아지면 집에 가서 쉬고 안 그러면 입원해서 치료를 받자고 하셨습니다.

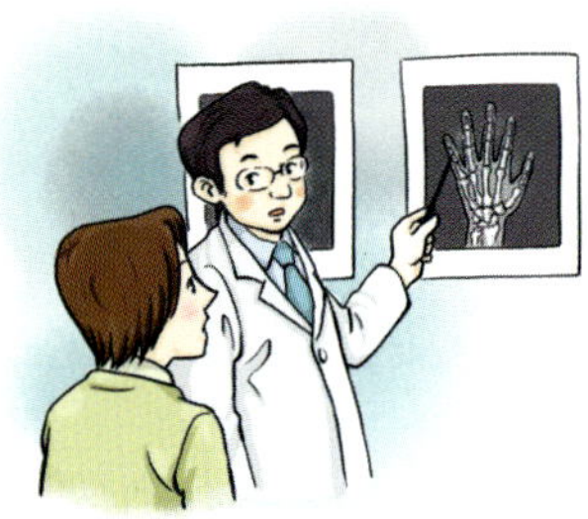

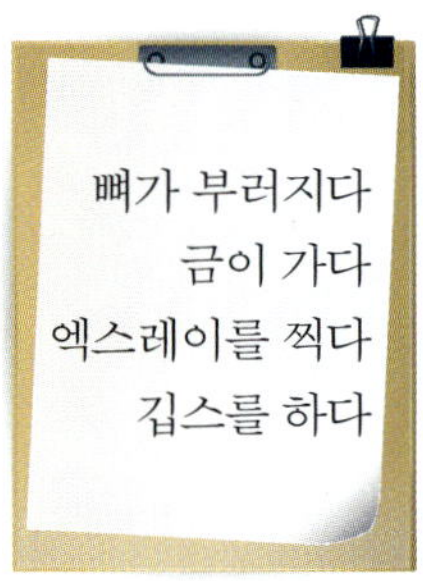

3. 심하게 아픈 후에 아니면 병원에 갔다 온 후에 느낀 것이 있습니까? 〈보기〉와 같이 써 보십시오.

보기

응급실에 간 것은 처음이었습니다. 저는 너무 배가 아팠기 때문에 정신이 하나도 없었고 안 아프게 해 달라고만 말했습니다. 그런데 좀 괜찮아지니까 정신이 좀 들었고 다른 사람들도 보이기 시작했습니다. 모두 심하게 아프거나 다쳐서 온 사람들이어서 저처럼 정신이 없어 보였습니다. 이렇게 한 번 아파 보니까 건강이 최고라는 생각이 들었습니다.

02 여러분이 아파서 병원에 갔던 경험과 치료를 받은 후의 느낌을 위와 같이 써 보십시오.

어디가 아팠습니까?	
어떻게 했습니까?	
느낀 점	

정리해 봅시다

다른 사람의 아팠던 경험 이야기를 읽어 보십시오. 여러분도 비슷한 경험이 있습니까? 같이 이야기해 보십시오.

02 평일 오전에는 한가합니다

학/습/목/표 인터넷 게시판에 답글을 쓸 수 있다.

준비해 봅시다

다음은 인터넷에 올라 있는 질문에 대해 학생이 쓴 답글입니다.

질문

박물관이나 미술관에 가는 것을 좋아하는데 항상 사람이 많아요. 언제 가면 한가한지 좀 가르쳐 주세요.

답글

[가] 평일 오전에는 보통 한가해요. 그렇지만 평일 오전에는 학교나 일 때문에 바쁘시지요? 그래서 주말에 많이 가게 되는데 주말에도 좀 한가한 때가 있지요. 언제 한가한지 간단하게 가르쳐 드리겠어요.

[나] 우선 주말에 가고 싶으시면 개장하는 시간에 맞추어서 가시면 좀 한가해요. 그리고 점심시간인 12시에서 1시 반 사이에도 한가해요. 오전에 온 관람객은 점심 먹으러 나가고, 오후에 오는 관람객은 보통 점심을 먹고 오니까요.

[다] 그리고 한 가지 알아 두실 것이 있어요. 토요일과 일요일 중에서 일요일이 조금 더 한가한 것은 알고 계시지요? 특히 오전을 비교하면 토요일 오전보다 일요일 오전에 관람객이 적어요. 주말 시간을 이용하고 싶으시면 일요일 오전에 가세요.

1. 위의 글을 읽고 관계있는 것을 연결하십시오.

[가] •		• 추가하는 설명
[나] •		• 전체적인 설명
[다] •		• 자세한 설명

2. 위의 글을 요약 정리하십시오.

• 박물관과 미술관이 한가한 시간

평일 : ____________________

주말 : ____________________

써 봅시다

01 답글을 쓰려고 합니다. 다음과 같은 단계로 답글을 써 보십시오.

1. 질문에 대해 〈보기〉와 같이 답글을 써 보십시오.

보기

- **질문**

문화센터 강좌를 싸게 듣고 싶은데 어떻게 하면 좋을까요? 좀 가르쳐 주세요.

- **답글**

문화센터 강좌 할인은 크게 두 가지로 나눌 수 있는데요. 학생이 받을 수 있는 학생 할인과 강좌를 2개 이상 신청하거나 3개월 이상을 한꺼번에 신청하면 받을 수 있는 할인이 있습니다. 학생 할인의 경우에는 신청할 때 학생증을 가지고 가셔야 받으실 수 있습니다. 또 신입생은 따로 할인해 주니까 신입생이시면 꼭 말씀하세요. 강좌를 2개 이상 신청하시면 10% 할인을 받을 수 있습니다. 또 3개월 이상 신청하면 15%, 6개월 이상 신청하면 30%나 할인해 주니까 오래 이용하실 분들은 좋으실 겁니다.

문화센터 강좌

할인 안내

학생 할인	학생증 제시 (10%할인)
	신입생 (추가 5% 할인)
2강좌 이상 등록	10% 할인
3개월 이상 등록	15% 할인
6개월 이상 등록	30% 할인

※ 6개월 이상 등록 후 취소 시 할인 전 금액으로 계산하고 나머지를 환불해 드립니다.

국제전화 이용 요금 안내

카드 국제전화 ※ 나라마다 요금이 다름, 휴대전화로 이용 가능	휴대전화	미국/중국 1분에 70원
	유선전화	미국/중국 1분에 30원
인터넷 국제전화	한 달에 14,000원, 무제한 통화 ※ 인터넷이 연결된 곳에서만 사용 가능	

질문

저는 고향에 전화를 자주 거는 유학생인데요. 국제전화를 싸게 거는 방법을 좀 가르쳐 주세요.

답글

2. 위의 답글에 연결해서 조심해야 할 것이나 더 알려 주고 싶은 내용을 〈보기〉와 같이 써 보십시오.

보기

한 가지 조심해야 할 것은 6개월이나 1년을 신청했다가 취소할 때는 취소가 안 되거나 돈을 할인 전의 요금으로 계산하고 돌려받게 됩니다. 그러니까 신청하실 때 꼭 물어보시고 신청하시고, 오랫동안 다닐 수 있는지 잘 생각해 보시고 하시는 게 좋을 거예요. 많은 도움이 되었으면 좋겠습니다.

02 학교 인터넷 게시판에 어떠한 질문을 하는 글을 올리고 싶습니까? 또, 다음 글에 어떤 답글을 달겠습니까? 여러분이 잘 알고 있는 것에 대해 답글을 써 보십시오.

- 유학생인데 한국말을 빨리 배우고 싶어요. 어떻게 하면 좋을까요?
- 아르바이트를 구하려고 하는데요. 어디에서 알아보면 될까요?
- ____________________

정리해 봅시다

다른 사람의 답글을 읽어 보십시오. 이해되지 않는 부분이 있습니까? 같이 이야기해 보십시오.

제9과

취미

01 사진 찍기는 누구나 할 수 있는 취미 활동입니다

02 밤을 새워서 책을 읽었습니다

01 사진 찍기는 누구나 할 수 있는 취미 활동입니다

학/습/목/표 취미 활동을 소개하는 글을 쓸 수 있다.

준비해 봅시다

다음은 한 학생이 자전거 타는 것에 대해 설명한 글입니다.

[가] 자전거는 건강에도 좋고 환경 보호에도 도움이 되는 취미 활동입니다. 자전거는 내 힘으로 움직여야 하기 때문에 운동도 되고 걷는 것보다 빠르고 힘도 많이 들지 않습니다. 연료를 사용하지 않아서 공기를 더럽히지 않으므로 환경을 보호할 수 있습니다. 교통수단으로도 이용할 수 있어서 시간을 따로 내지 않고 운동을 즐길 수 있기 때문에 매우 좋습니다.

[나] 자전거를 탈 때는 자동찻길로 달려야 하는 경우가 많으므로 자전거를 탈 때 제일 중요한 것은 안전입니다. 따라서 안전을 위해서 헬멧을 꼭 써야 합니다. 그리고 한가지 기억할 것이 있는데, 횡단보도를 건널 때에는 반드시 자전거에서 내려야 합니다. 자전거를 타고 횡단보도를 건너는 것은 불법입니다.

[다] 자전거는 취미 활동일뿐만 아니라 일상생활에서도 사용할 수 있습니다. 장보러 갈 때도 자전거를 타고 가고 자전거로 출퇴근하는 사람들도 많아졌습니다. 그래서 자전거 주차장도 많이 생겼고 자전거로 출근하는 사람들을 위해 샤워 시설을 만들어 놓은 회사들도 있습니다. 또한 자전거 도로도 많이 늘어서 자전거를 타기가 더 편해졌습니다.

1. 위의 글을 읽고 관계있는 것을 연결하십시오.

[가] • • 자전거를 탈 때 주의할 것

[나] • • 자전거 타기의 좋은 점

[다] • • 자전거를 활용하는 방법

2. 위의 글을 읽고 아래 표에 정리하십시오.

자전거 타기의 좋은 점	· ·
자전거를 탈 때 주의할 것	· ·
자전거를 활용하는 방법	· ·

써 봅시다

01 취미 활동을 소개하려고 합니다. 다음과 같은 단계로 써 보십시오.

1. 취미 활동의 장점을 쓰려고 합니다. 아래 취미 활동 중에서 하나를 골라 〈보기〉와 같이 써 보십시오.

보기

사진 찍기는 아름다운 순간을 계속 즐길 수 있게 해 주는 좋은 취미 활동입니다. 카메라만 들 수 있다면 누구든지 할 수 있고, 실내에서도 할 수 있고 밖에서도 할 수 있습니다. 즉, 언제 어디서나 누구나 할 수 있습니다. 옛날에는 필름을 사야 해서 돈이 많이 들었지만, 이제는 디지털 카메라를 사용하니까 카메라만 있으면 돈이 별로 들지 않습니다.

- 사진 찍기
- 여행
- 그림 그리기
- 수영

2. 취미 활동을 할 때 주의해야 할 것을 쓰려고 합니다. 〈보기〉와 같이 써 보십시오.

보기

사진을 찍으려면 우선 카메라가 있어야 합니다. 카메라를 살 때에는 어떤 사진을 찍을 것인지 생각해야 합니다. 경치를 찍을 것인지, 사람을 찍을 것인지, 가까이에 있는 물건을 찍을 것인지에 따라 카메라가 달라집니다. 그런데 요즘 카메라는 필요할 때마다 렌즈를 바꾸어서 찍을 수도 있습니다. 처음 시작하는 사람은 이것저것 다 찍을 수 있는 카메라를 사는 것이 좋습니다.

3. 취미 활동을 활용하는 방법을 쓰려고 합니다. 〈보기〉와 같이 써 보십시오.

보기

사진은 여행이나 졸업식, 결혼식 같은 특별한 날에 찍는 것으로 생각합니다. 그렇지만 사진은 일상생활의 모든 것을 찍을 수 있습니다. 하나를 정해 놓고 계속 찍는 것도 재미있습니다. 나무만 찍어도 되고, 건물만 찍어도 됩니다. 또, 내가 찍은 사진으로 나만의 역사를 남길 수 있습니다. 찍은 사진을 잘 정리해서 친구의 특별한 날에 친구에게 주면 좋은 선물이 됩니다.

02 여러분이 소개하고 싶은 또 다른 취미 활동에 대해 위와 같이 써 보십시오.

취미	
장점	
주의할 것	
활용 방법	

정리해 봅시다

다른 사람이 소개한 취미 활동에 대한 글을 읽어 보십시오. 어떤 취미 활동을 해 보고 싶습니까? 같이 이야기해 보십시오.

02 밤을 새워서 책을 읽었습니다

학/습/목/표 어렸을 때 추억을 글로 쓸 수 있다.

준비해 봅시다

다음은 한 학생이 자신의 추억을 쓴 글입니다.

나의 보물 '안개'

[가] 제가 다섯 살 때 아버지께서 귀여운 강아지 한 마리를 사 오셨습니다. 하얀색 강아지여서 '안개'라고 불렀습니다. 안개는 그 후 10년 동안 제 가장 친한 친구가 되었습니다. 저는 '안개'를 너무 좋아해서 나도 개가 되었으면 좋겠다고 생각한 적도 있었고, 개처럼 밥을 먹다가 엄마한테 야단을 맞은 적도 있었습니다.

[나] '안개'는 처음에는 제 동생이었는데 저보다 빨리 어른이 되었고, 또 금방 할아버지가 되었습니다. 그리고 제가 중학교 2학년이 되었을 때 하늘나라로 갔습니다. 저와 같이 계속 살 거라고 생각했던 안개가 갑자기 없어졌습니다. 그 때는 정말 많이 울었고 한 달 동안 밥도 잘 먹지 못했던 것 같습니다.

[다] 지금도 비슷한 강아지를 보면 안개가 자꾸 생각나고 '안개'가 보고 싶어집니다. 그렇지만 이제는 슬프지 않습니다. 저의 어린 시절을 함께했던 '안개'와의 추억들은 제 보물입니다. '안개'를 다시 만날 수는 없지만 '안개'와의 추억은 영원합니다.

1. 위의 글을 읽고 관계있는 것을 연결하십시오.

[가] •　　　　• '안개'와의 이별

[나] •　　　　• '안개'와의 만남

[다] •　　　　• '안개'와의 추억의 의미

2. 위의 글을 한 문장으로 요약하십시오.

[가] ________________________________

[나] ________________________________

[다] ________________________________

써 봅시다

01 어렸을 때 좋아했던 책에 대해서 쓰려고 합니다. 다음과 같은 단계로 써 보십시오.

1. 여러분은 어렸을 때 어떤 책을 좋아했습니까? 여러분이 그 책을 얼마나 좋아했는지 간단하게 메모하고 〈보기〉와 같이 써 보십시오.

보기

내가 사랑했던 「해리 포터」

저는 책을 읽는 것을 별로 좋아하지 않았지만 「해리 포터」를 읽기 시작하면서 책을 좋아하게 되었습니다. 「해리 포터」를 만난 것은 초등학교 3학년 때인데 그 때부터 저는 「해리 포터」와 사랑에 빠졌습니다. 「해리 포터」의 다음 권이 나오는 날만 기다렸고, 「해리 포터」가 나오면 가장 먼저 읽은 사람이 되려고 밤을 새워서 읽기도 했습니다.

책 제목	해리 포터	
읽은 때	초등학교 3학년부터	
얼마나 좋아했나	책 나오는 날만 기다렸다. 가장 먼저 읽은 사람이 되고 싶었다.	

2. 그 책을 읽다가 생긴 재미있는 일이 있었습니까? 〈보기〉와 같이 써 보십시오.

보기

그때 저는 해리 포터한테 생긴 일이 저한테도 생길 거라고 생각했습니다. 해리 포터가 마법사 학교에서 보낸 편지를 받고 마법사 학교에 간 것처럼 저도 언젠가는 편지를 받을 수 있다고 생각했습니다. 그래서 저는 1년 동안 편지를 기다렸습니다. '너는 마법사다. 학교로 와라.' 이런 편지를 기다렸습니다. 그리고 장래 희망을 쓰라고 하면 '마법사'라고 썼고 책 속에 나오는 마법의 주문을 열심히 외우기도 했습니다.

3. 그 책은 여러분에게 어떤 의미가 있었습니까? 간단하게 메모하고 〈보기〉와 같이 써 보십시오.

보기

「해리 포터」를 읽을 때는 좀 무서울 때도 많았습니다. 그렇지만 해리 포터는 죽지 않았고 끝까지 착한 사람이었습니다. 그리고, 마지막에는 사랑은 모든 것을 이긴다는 간단하지만 강한 메시지를 주었습니다. 그림이 없는 책은 싫어하던 저를 그림이 없는 책을 사랑하게 만들어 준 해리 포터는 제 어린 시절의 전부입니다. 저의 어린 시절인 해리 포터가 행복하게 끝났기 때문에 제 인생도 행복합니다.

02 여러분이 어렸을 때 좋아했던 것은 무엇입니까? 그것에 대한 추억을 위와 같이 써 보십시오.

무엇/누구	
언제	
재미있었던 일/특별한 일	
어떤 의미	

정리해 봅시다

다른 사람의 글을 읽어 보십시오. 이해하기 어려운 부분이 있으면 함께 이야기해 보십시오.

제 10 과

문화생활

01 저희 영화제를 찾아주신 분들께 감사드립니다

02 마지막 장면이 기억에 남는다

01 저희 영화제를 찾아주신 분들께 감사드립니다

학/습/목/표 간단한 행사 안내서를 만들 수 있다.

준비해 봅시다

다음은 한 학생이 만든 영화제 안내서의 인사말입니다.

동아리 영화제를 준비하면서…

[가] 2002년에 제1회 영화제를 시작해 올해로 제10회째를 맞이하게 되었습니다. 먼저 저희 영화제를 찾아주신 분들께 감사드립니다.

[나] 10년 전 처음 시작할 때는 아무 준비 없이 두 개의 강의실을 빌려 각각 제1상영실, 제2상영실로 사용했습니다. 또 스크린을 준비하지 못해 강의실에 있는 TV로 영화를 봤었습니다. 지금도 부족한 것은 많지만 그때에 비하면 좀 더 좋은 환경에서 영화제를 할 수 있어서 저희를 찾아 주시는 손님들께 조금 덜 미안한 마음이 듭니다.

[다] 올해 저희 동아리 영화제의 주제는 '꿈'입니다. 어렸을 때부터 '너는 꿈이 뭐니?'라는 말을 많이 들어 왔습니다. 그렇지만 그 꿈은 어렸을 때만큼 간단하게 표현하기 어렵고 오히려 그때보다 훨씬 멀게 느껴지고 있습니다. 저희들이 준비한 영화제 '꿈'을 통해 우리들의 꿈을 향해 가는 시간을 가지려고 합니다.

영화 동아리 회장 김영수

1. 위의 글을 읽고 관계있는 것을 연결하십시오.

[가] •	• 영화제 주제에 대한 간단한 소개
[나] •	• 참석자들에 대한 감사의 말
[다] •	• 과거 영화제에 대한 회고

2. 위의 글에는 어떤 내용이 들어있습니까? 모두 고르십시오.

☐ 행사 일정 ☐ 영화제 주제 ☐ 인사말 ☐ 영화 상영 장소 안내

써 봅시다

01 사진 전시회 팸플릿을 만들려고 합니다. 팸플릿 인사말을 써 봅시다.

1. 팸플릿의 인사말 첫 부분을 간단한 역사 소개와 함께 써 보십시오.

> **보기**
>
> 졸업 연주회를 준비하면서···
>
> 올해까지 3,802명이 졸업한 우리 기악과가 48회 졸업 연주회를 맞이하게 되었습니다. 48년 동안 저희 졸업생들의 연주회를 도와주신 교수님과 선배님께 감사를 드립니다.

제15회 사진 전시회	
전시회 역사	2004년 10월 시작
전시회 횟수	1년에 2회

____

....

....

....

2. 이번 전시회의 특징을 〈보기〉와 같이 써 보십시오.

보기

그동안 연주회는 그 해 졸업생들만 연주했습니다. 그런데 이번 연주회에는 이미 졸업하신 선배님들과 함께 연주하는 시간도 준비되어 있습니다. 선배님들께서 저희 졸업생들을 축하해 주려고 귀한 시간을 내 주셨습니다. 같은 무대에서 선배님들과 함께 연주할 수 있는 좋은 기회를 마련할 수 있어서 저희는 너무도 기쁩니다.

전시회 특징	사진을 엽서로 만들어 판매, 불우이웃 돕기

3. 마무리 인사와 전시회 후 행사에 대한 안내의 말을 〈보기〉와 같이 써 보십시오.

보기

연주회가 끝난 후에 교수님과 선배님, 그리고 졸업생이 모두 함께 기념촬영을 할 예정입니다. 그리고 간단한 저녁 식사도 준비했으니 함께 자리해 주시기 바랍니다. 저희 연주회가 12월의 추운 바람 속에서 따뜻하게 몸을 녹여주는 연주회가 되었으면 합니다. 감사합니다.

2012년 졸업생 일동

행사 후 일정	행운권 추첨, 레크리에이션

02 행사 팸플릿을 만들려고 합니다. 아래 표에 정리하고 팸플릿 인사말을 써 보십시오.

행사의 종류	연주회, 전시회, 영화제, 춤 공연, 연극 공연, 패션쇼, 1일 찻집, ____________
행사의 역사	언제부터 시작? 얼마나 자주? ____________
행사의 특징	연예인 초청, 주민과 함께, ____________
행사 후 일정	식사, 사진 촬영, 작품 판매, ____________

정리해 봅시다

다른 사람의 팸플릿 인사말을 읽어 보십시오. 행사의 내용이 잘 이해됩니까? 같이 이야기해 보십시오.

02 마지막 장면이 기억에 남는다

학/습/목/표 마지막 장면이 기억에 남는다.

준비해 봅시다

다음은 한 학생이 쓴 영화 감상문입니다.

[가] 말아톤은 내가 처음 본 한국 영화로 한국말을 잘 알아듣지 못했지만 마음으로 느낄 수 있었던 영화이다. 배형진이라는 자폐증 남자가 마라톤을 하게 되기까지의 이야기를 영화로 만든 것이다.

[나] 얼룩말과 초코파이를 좋아하는 초원이는 어느 날 자폐증이라는 진단을 받게 되고, 엄마는 그런 아들을 키우느라고 힘들어하게 된다. 그러나 엄마는 초원이가 달리기는 정상인보다도 잘한다는 것을 발견하고 열심히 연습시킨다. 20살이지만 머리는 5살인 초원이, 음주 운전을 해서 초원이 학교로 오게 된 코치 선생님, 그리고 초원이 없으면 살 수 없는 엄마. 이렇게 세 사람의 노력으로 초원이는 마라톤 풀코스 완주에 성공한다.

[다] 장애를 가진 사람뿐만 아니라 그 가족의 어려움을 보면서 눈물을 흘렸지만 그것과 함께 정말 따뜻한 사랑을 보여준 영화이다. 엄마와 초원이가 날마다 하는 대화. "초원이 다리는?" "백만 불짜리", "몸매는?" "끝내 줘요." 이 대화를 들을 때마다 기분이 좋아지고 힘이 생기는 것 같았다. 장애인이 세상을 힘들게 살아가는 모습을 보고 그 사람들이 좀 더 쉽게 어울릴 수 있는 세상을 만들어야겠다는 생각을 했다.

1. 위의 글을 읽고 관계있는 것을 연결하십시오.

[가] •	• 자신의 생각
[나] •	• 간단한 소개
[다] •	• 줄거리

2. 위의 글 [나]에 나오는 초원, 엄마, 코치 선생님에 대한 설명을 간단하게 정리해 보십시오.

초원 : ____________________

엄마 : ____________________

코치 선생님 : ____________________

써 봅시다

01 영화 감상문을 쓰려고 합니다. 〈보기〉와 같이 영화 감상문을 써 보십시오.

1. 여러분이 지금까지 본 한국 영화 중에서 하나를 골라 영화에 대한 간단한 소개를 〈보기〉와 같이 써 보십시오.

> **보기**
> '우리 생애 최고의 순간'은 영화 제목이 좀 길어서 '우생순'으로 짧게 줄여서 부르는 영화이다. 한국 핸드볼 대표팀이 2004년 아테네 올림픽에서 은메달을 따기까지의 과정과 경기 모습을 영화로 만든 것이다.

....

....

....

....

....

2. 위 영화의 줄거리를 〈보기〉와 같이 써 보십시오.

보기

2004년 올림픽 때 한국의 국가대표팀은 굉장히 약한 팀이었다. 한국에는 여자 핸드볼 선수들이 갈 팀이 없었기 때문에 핸드볼 선수들은 은퇴를 하고 각자 자기 일을 하거나 외국에서 선수 활동을 하고 있었다. 이런 상황에서 은퇴한 선수와 외국에 있는 선수를 불러와 대표팀을 만들어서 준비를 한다. 연습 과정에서 힘든 일이 많았지만 모두들 힘을 모아 좋은 경기를 해 아무도 예상하지 못한 은메달을 따게 된다.

3. 그 영화에 대한 자신의 생각을 〈보기〉와 같이 써 보십시오.

보기

은퇴를 한 나이가 많은 '아줌마' 선수들이 짧은 시간 동안의 훈련으로 다시 선수의 몸으로 바뀐다. 그렇게 되기까지는 그들의 정신적인 힘이 컸던 것 같다. 무엇이 한국 사람들을 열심히 하게 만들까? 이건 내가 한국에 살면서 좀 더 생각해 봐야 할 문제인 것 같다. 마지막 장면에서 감독이 선수들이 갈 곳이 없다는 말을 하는 장면과 실제 경기 장면이 기억에 남는다.

02 여러분이 봤던 영화 중에서 가장 기억에 남는 영화의 감상문을 위와 같이 써 보십시오.

영화 이름	
간단한 소개	
줄거리	
자신의 생각	

정리해 봅시다

다른 사람의 영화 감상문을 읽어 보십시오. 내용이 모두 이해됩니까? 이해되지 않는 부분이 있으면 같이 이야기해 보십시오.

부록

01 모범 답안

모범 답안

제1과 대학 생활

01

1.

[가] •	• 앞으로의 희망
[나] •	• 고향 소개
[다] •	• 한국에 온 이유

2.

나의 고향	심천	중국의 남쪽 아름답다. 관광객이 많이 온다.
한국에 온 이유		한국어를 배우고 싶다.
앞으로의 희망		유명한 여행사를 만들고 싶다.

02

1.

[가] •	• 함께 공부할 친구를 찾고 있습니다.
[나] •	• 함께 운동할 친구를 찾고 있습니다.
[다] •	• 함께 언어교환을 할 친구를 찾고 있습니다.

2.

[가] : 제목, 연락처, 덧붙이는 말

[나] : 제목, 일시, 회비, 연락처, 덧붙이는 말

[다] : 제목, 일시, 자격, 연락처

제2과 쇼핑

01

1. 게시판(학생회관, 학과 사무실 등)

2.

[가] •	• 고향으로 돌아가는 학생
[나] •	• 수업 듣는 건물이 먼 학생
[다] •	• 지난 학기에 법학 강의를 들은 학생

02

1.

[가] •	• 물건의 특징
[나] •	• 산 물건
[다] •	• 추천하는 대상

2.

☐ 사전의 기능 ☐ 가격 ☐ 사전의 디자인

☑ 교환 ☑ 포장 ☐ 수리

제3과 유학 생활

01

1. ❷

2.

[가] •	• 무선인터넷 접속 수리
[나] •	• 휴학생의 근로 장학생 신청
[다] •	• 학생증 신청할 때 필요한 것

02

1.

[가] •	• 나의 하루를 간단하게 쓴 글
[나] •	• 규칙을 쓴 글
[다] •	• 친구에게 알리는 쪽지

2.

문법	예	사용하는 곳
-음/ㅁ	8시까지 돌아옴. 영화가 재미없었음.	간단한 메모, 알림
-기	청소하기, 쓰레기 버리기 공부하기, 선물 사기	규칙, 계획

제4과 여행

01

1.

- [가] – 인사말
- [나] – 일정 안내
- [다] – 끝맺는 말

2.

- 엠티 날짜 : 4월 7일 ~ 8일
- 엠티 장소 : 춘천
- 모이는 장소 : 도서관 앞
- 모이는 시간 : 9시

02

1.

- [가] – 여행 일정과 방법
- [나] – 여행할 때 보고 들은 것
- [다] – 여행의 느낌

2.

- 여행 장소 : 경주
- 여행 기간 : 2박 3일
- 교통편 : 기차
- 기억에 남는 것 : 석굴암 해돋이
- 느낌 : 직접 보는 해돋이가 아름다웠다.

제5과 학교 시설

01

1.

- [가] – 위치와 소개
- [나] – 할 수 있는 것
- [다] – 이용 방법

2.

- 이용 시간
- 주의 사항
- 더 싸게 이용하는 법
- 가장 인기 있는 것 등

02

1.

- [가] – 받는 사람
- [나] – 인사말
- [다] – 내용
- [라] – 끝인사
- [마] – 날짜
- [바] – 보내는 사람

2.

받는 사람	김 선생님
인사말	안녕하세요. 저도 잘 지내고 있습니다.
내용	고향에 왔습니다. 동생과 바다에 놀러 갔다 왔습니다. 낚시를 했습니다. 다음 주에 돌아갑니다.
끝인사	건강하게 지내시길 바랍니다.
날짜	2012년 7월 28일
보내는 사람	왕 웨이

제6과 만남

01

1.

- [가] – 날짜와 장소
- [나] – 초대하는 이유
- [다] – 인사말

2.

모임	생일 파티
인사말	얼굴 보기 힘들었다. 잘 지내고 있나?
초대하는 이유	동기들과 생일 파티를 하려고 한다.
날짜와 장소, 연락처	2012년 4월 16일, 정민철 집, 010-1234-5678

02

1.

- [가] – 모임 시간이 바뀌었다.
- [나] – 모임 시간을 바꾸면 좋겠다.
- [다] – 모임 시간이 결정됐다.

2.

[가] 조 모임이 이번 주 목요일 오후 4시로 결정되었다.

[나] 모임 시간을 1시간 미루고 싶다.

[다] 조 모임 시간이 1시간 미루어져 5시로 결정되었다.

제7과 일상생활

01

1.

[가]	자신이 겪은 어려움
[나]	제안
[다]	글을 올리는 이유

2.

[가] : 쉬는 시간 동안 6층까지 이동하는 것이 힘들어서 글을 쓰려고 한다.

[나] : 엘리베이터에는 사람이 많고 층마다 내려서 시간도 걸린다.

[다] : 낮은 층은 걸어서 갑시다.

02

1.

[가]	잃어버린 물건의 중요성
[나]	물건을 잃어버린 시간과 장소
[다]	잃어버린 물건에 대한 설명과 연락처

2.

잃어버린 물건 : USB

잃어버린 때 : 8월 3일

잃어버린 장소 : 컴퓨터실

연락처 : 010-7566-1324

제8과 공공시설

01

1.

[가]	아픈 후에 알게 된 것
[나]	아팠던 시기와 증상
[다]	아팠을 때 한 행동

2.

[가] : 지난 겨울에 독감에 걸려서 많이 아팠다.

[나] : 병원에 가서 주사도 맞고 약을 먹었지만 효과가 별로 없었다.

[다] : 감기 때문에 이렇게 힘들 수 있다는 것을 알게 되었다.

02

1.

[가]	추가하는 설명
[나]	전체적인 설명
[다]	자세한 설명

2.

· 박물관과 미술관이 한가한 시간

· 평일 : 오전

· 주말 : 개장하는 시간, 12시~1시

제9과 취미

01

1.

[가]	자전거를 탈 때 주의 할 것
[나]	자전거 타기의 좋은 점
[다]	자전거를 활용하는 방법

2.

자전거 타기의 좋은 점	· 건강에 좋다. · 환경 보호에 도움이 된다.
자전거를 탈 때 주의 할 것	· 횡단보도를 건널 때 자전거를 타고 건너면 안된다. · 헬멧을 꼭 쓴다.
자전거를 활용하는 방법	· 장보러 갈 때 · 출퇴근 할 때

02

1.

[가]	'안개'와의 이별
[나]	'안개'와의 만남
[다]	'안개'와의 추억의 의미

2.

[가] : 다섯 살 때 만난 '안개'는 나의 가장 친한 친구였다.

[나] : 중학교 2학년 때 안개가 죽어서 너무 힘들었다.

[다] : 안개와 함께했던 추억은 나의 소중한 보물이다.

제10과 문화생활

01

1.

- [가] • — • 참석자들에 대한 감사의 말
- [나] • — • 과거 영화제에 대한 회고
- [다] • — • 영화제 주제에 대한 간단한 소개

2.

- [ ] 행사 일정
- [x] 영화제 주제
- [x] 인사말
- [ ] 영화 상영 장소 안내

02

1.

- [가] • — • 간단한 소개
- [나] • — • 줄거리
- [다] • — • 자신의 생각

2.

초원 : 5살 아이의 지능을 가진 20세 남자

엄마 : 자폐증 아이를 키우는 엄마

코치 선생님 : 음주 운전 때문에 초원이가 다니는 학교에 오게 된 코치